埃隆·马斯克
实现不可能

ASHLEE VANCE
［美］阿什利·万斯 — 著

邓峰 — 译　王丽 — 校译

六只恐龙 — 绘

ELON MUSK AND THE QUEST
FOR A FANTASTIC FUTURE
Young Readers' Edition

中信出版集团｜北京

献给鲍伊和塔克

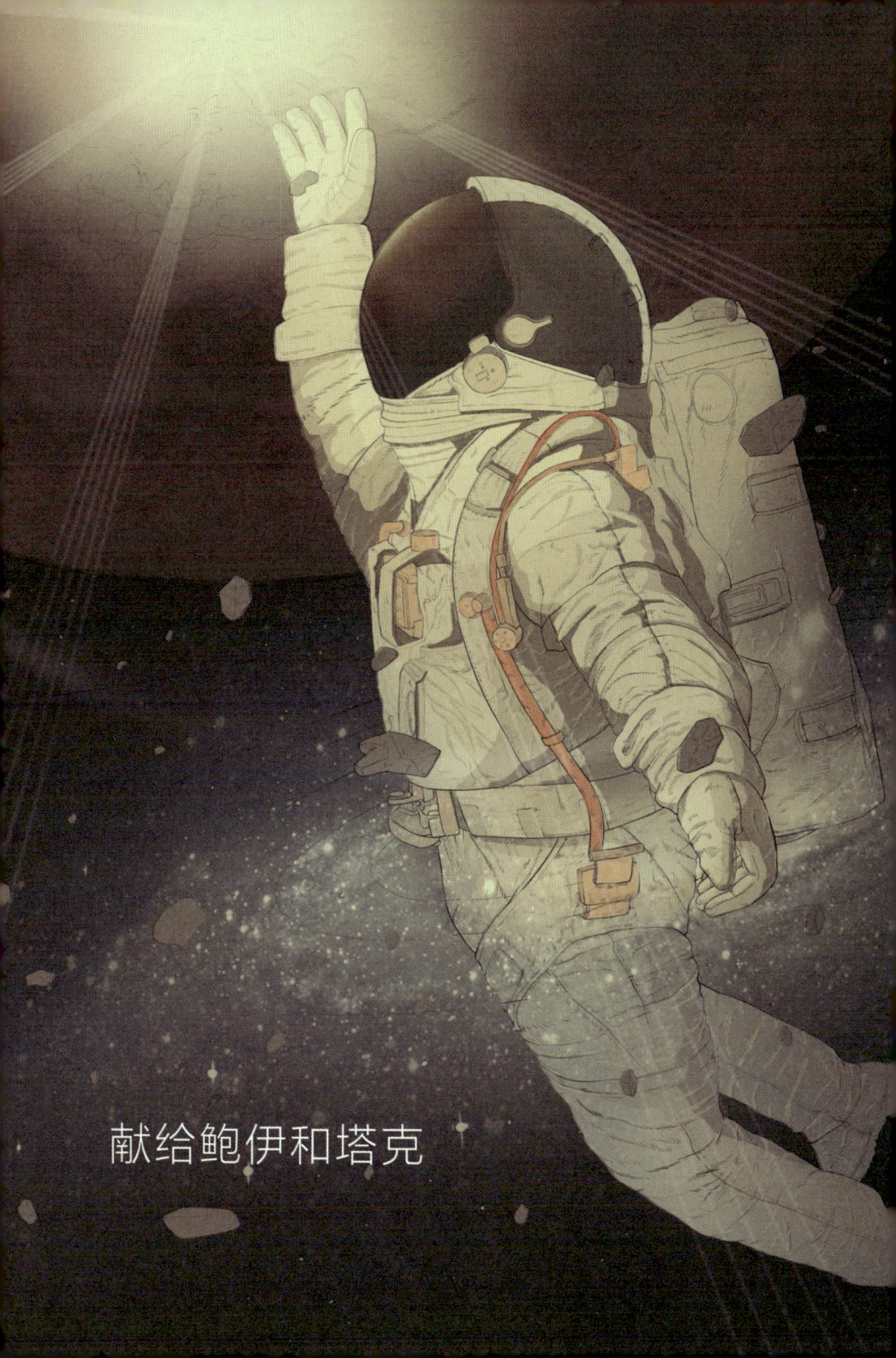

目录
CONTENTS

第一章 /001
共进晚餐

第二章 /009
马斯克的世界

第三章 /021
冒险基因的源头

第四章 /043
觉醒之旅

第五章 /053
初次创业

第六章 /065
从 X.com 到 PayPal

第七章 /077
太空的召唤

第八章 /089
SpaceX 勉强起飞

第九章 /113
电动车登场

第十章 /125
特斯拉风靡硅谷

第十一章 /137
陷入困境

第十二章 /147
磨难、坚持与新生

第十三章 /167
腾空而起

第十四章 /189
SpaceX 越飞越高

第十五章 /203
电动车卷土重来

第十六章 /227
特斯拉做到了

第十七章 /243
马斯克的远大梦想

263
尾声

269
致谢

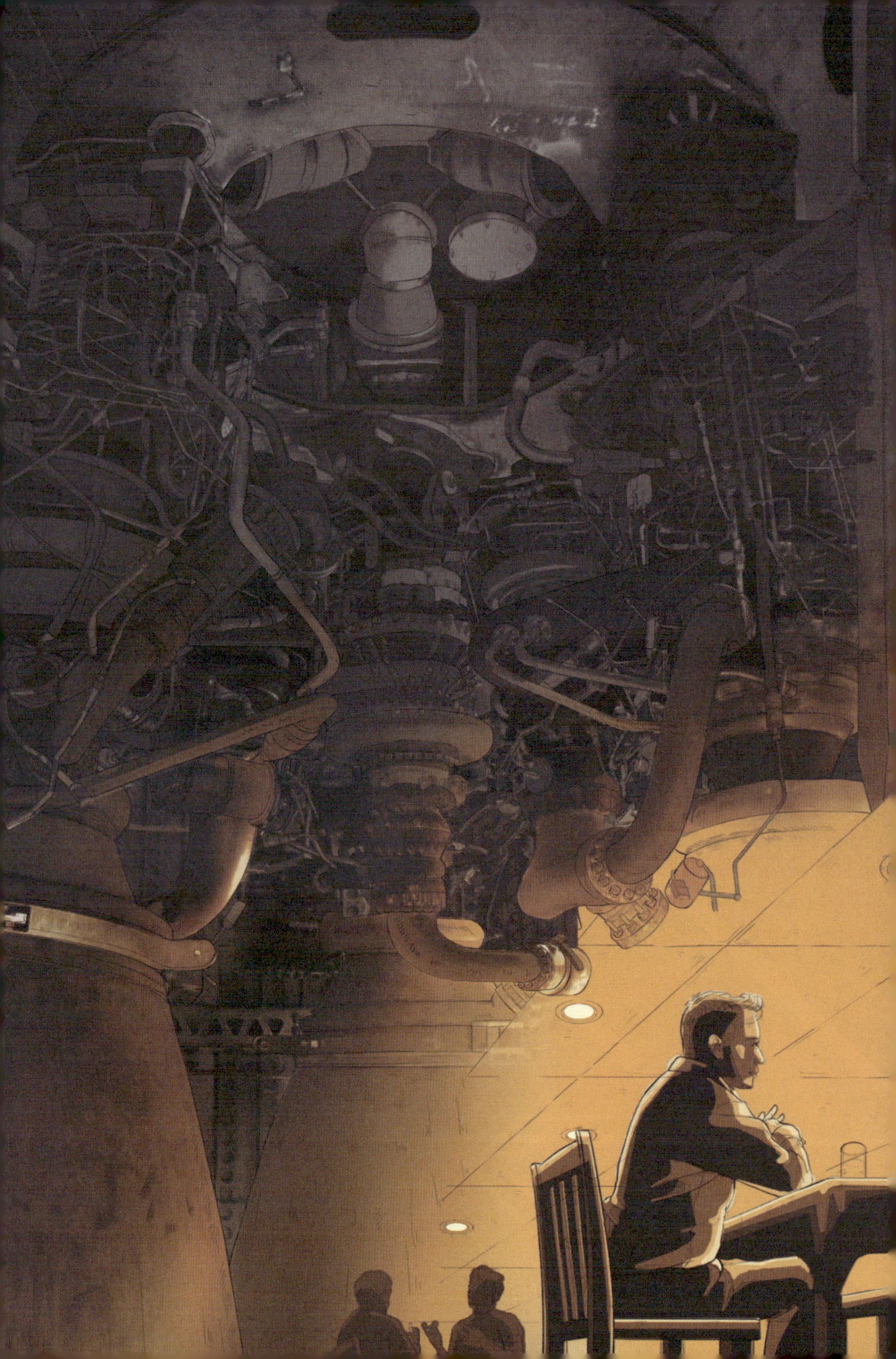

第一章
CHAPTER 1

"你说我是不是疯了?"在起身要走的时候,
他忽然问了这么一个突兀的问题。
相处了很长一段时间后,我才意识到,
他当时更像是在自问,而不是问我,
我的回答无关紧要。

共进晚餐

"你说我是不是疯了?"

那时,埃隆·马斯克正和我在加利福尼亚帕洛阿尔托市的一家高档海鲜餐厅共进晚餐,在起身要走的时候,他忽然问了这么一个突兀的问题。那天是我先到的餐厅,毫不意外,马斯克迟到了,这是他一贯的风格。差不多一刻钟后,一个身穿格子衬衫、搭配名牌牛仔裤和皮鞋的人出现了,他就是马斯克。

马斯克身高一米八六,但见过本尊的人都觉得,他看起来远不止这么高。他肩宽体阔,身形魁梧,但进门后并没显现一副趾高气扬的样子，反而有些腼腆。他低着头走进餐厅，快速和我握了握手，然后落了座，几分钟后才完全放松下来。

马斯克这次邀请我共进晚餐是为了商量出传记的事情。18个月前[1]，我曾提出为他写传记的计划，但他拒绝和我合作，也不愿接受采访。他的回绝让我有些受挫，但身为记者，我并未就此放弃，反而越挫越勇。我花了一年半的时间四处挖掘有关马斯克的资料，对他的生活经历进行了深入研究。不少从他的公司——PayPal、特斯拉和SpaceX（太空探索技术公司）离职的人都愿意为我提供素材。除此之外，我还认识马斯克的很多朋友，他们也和我分享了不少故事。

在采访了大概200人后，我接到了马斯克的来电。有天晚上，他从家里给我打电话说，我有两个选择：其一，他不再让人接受我的采访；其二，他亲自帮我完成这本书。毫无疑问，我选择后者。

马斯克愿意合作，前提是他要在出版前看到原稿，并亲自给这本书写注脚。他不会更改我写的内容，但希望有机会澄清书稿中的不妥之处。

马斯克是想把控传记的内容，这我能理解。他是个受过专业训练的物理学家，无法容忍事实错误。书中的任何错误都会折磨

---

[1] 本书英文原版首次出版于2017年。——编者注

他几个月甚至几年之久。虽说我能理解他的想法,但我不能同意他的条件。记者应该有研究选题并把自己的发现公之于众的自由,不应该受人监视,也不能让人出于一己之私去篡改作品内容。除此之外,马斯克对真相也有自己的一套说辞,而这套说辞又常常和其他人的看法不同。他还喜欢发表长篇大论,即便在回答基本问题时也是如此,若让他给作品加注,他大概会把注脚写得比正文还长。

于是,我们打算通过这次会面把这件事谈开,商量一番,看看最终结果如何。

刚开始,我们随便谈了些不痛不痒的话题,比如霍华德·休斯这样的知名商人,以及特斯拉的汽车工厂。大约20分钟后,服务员过来为我们点餐,马斯克问了问有什么适合他的菜品,因为他在那段时间只吃低碳水食物,尽量不碰意大利面、面包和甜点。最后,他点了一道浇了鱿鱼墨汁的炸龙虾。

还没等我们正式开始谈判,马斯克就以他那独特的认真口吻挑起了话头。他说自己一直害怕谷歌的联合创始人拉里·佩奇会造出大批能将人类消灭殆尽的人工智能增强型机器人。"我真的很担心。"马斯克说。

虽然他和佩奇的关系很亲密,而且他相信佩奇本性不坏,但这并不能让他安心。相反,在马斯克看来,佩奇的好心肠正是问题所在。善良的本性会让他相信,机器永远不会违抗人类的命令。

"但我可没这么乐观，"马斯克说，"（我觉得）他可能会无意间造出作恶的东西。"

菜一上桌便被马斯克一扫而光。与其说他在吃饭，倒不如说他是三两口吞下了事。为了让他继续乐意和我说话，我从自己的盘子里切了一大块牛排给他。但这个方法只奏效了一小会儿，不过90秒，这么一大块肉也被他风卷残云般地消灭了。

我花了好一会儿工夫，才让马斯克把话题从机器人转向真人，顺便提了书的事情。一聊到书，马斯克立即问我为什么想给他写传记。等来等去，终于盼到了这一刻，满心激动的我在头脑里调出长达45分钟的讲稿，想用各种理由说服马斯克允许我探知他的生活，同时放弃对传记内容的把控权。出乎意料的是，几分钟后马斯克便打断了我，说"可以"。

这顿饭在愉快的交流中收尾，马斯克也打破了他原本的健康饮食，吃了一大份棉花糖甜点。于是，这事儿就这么定了。马斯克同意我去采访他公司里的高管、他的朋友和家人。除此之外，他还要每个月和我约一顿饭，直到这本书完成为止。就这样，我有幸成为第一个近距离观察马斯克工作和生活的记者。

在边吃边聊了两个半小时后，马斯克放下餐具，准备起身离席，却忽然停了下来。他盯着我，问了一个出人意料的问题："你说我是不是疯了？"多么离奇的问题啊！我一时间竟然不知道该说什么才好，暗想这是不是脑筋急转弯之类的谜题。等后来和马斯克相处了很长一段时间后,我才意识到,他当时更像是在自问,而不是问我,我的回答无关紧要。最后,马斯克又大声问了我一次他到底能不能信任我,然后盯着我的眼睛来判断我的可靠性。但仅仅一瞬之后,他就和我握了握手,随后钻进一辆红色的特斯拉 Model S 轿车,径直开走了。

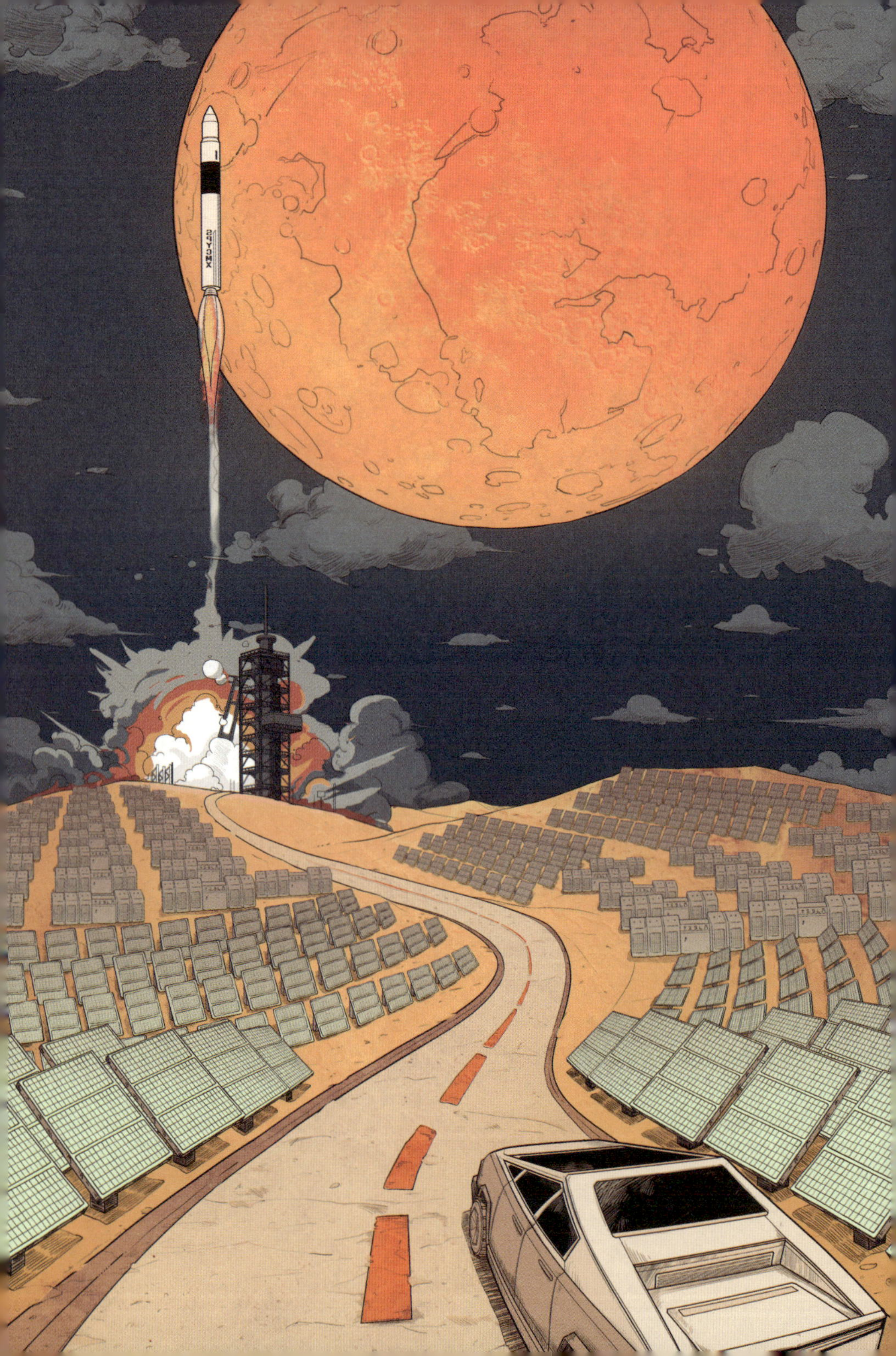

第二章
CHAPTER 2

他想做什么就做什么，并会为之不懈努力。
他希望能在有生之年为人类创造一个光明的未来。
那是埃隆所主导的世界，而我们其他人则生活在其中。

马斯克的世界

要想研究马斯克,就必须从 SpaceX 入手。SpaceX 位于加利福尼亚州洛杉矶的郊区霍索恩。在马斯克办公室旁边的墙上,并排挂着两张印有火星图案的大海报。左边那张是火星现在的样子——一颗寒冷且空旷的红色星球。右边则是想象中的火星,在那里,大片绿地被海洋环抱,星球温度也有所升高,成为适合人类居住的家园。

马斯克希望这一切能够在未来成为现实。让人类移民太空是他认定的人生目标。他想为人类寻找另一个家园,以免地球上真的出什么大乱子,比如小行星撞地球这种不可预测的灾难,或者导致数十亿人丧命的大瘟疫,抑或是人为造成的全球变暖,等等。"我希望能在有生之年为人类创造一个光明的未来。"他说,"如果能解决可再生能源问题,在地球之外找到其他宜居星球,并在那里发展出自给自足的文明,从而有效应对最糟的状况,避免人类意识的消亡,那么……"他停了一下又说道,"我就可以放心了。"

如果有人无法理解马斯克,那倒也不足为奇,因为在某种程度上,他的言行的确有些荒唐。马斯克不向困难低头的精神让他成了硅谷偶像。在这个全美科技发展的中心地带,即便是拉里·佩奇这样的商业同行在提到马斯克时也毫不吝啬溢美之词,年轻的创业者更是想努力"成为埃隆那样的人"。

硅谷之外的人却通常对他持怀疑态度。他们倾向于把马斯克看成一个通过电动车、太阳能电池板和火箭发家致富的人,而这些产品在他们眼中不太实用,不接地气。

不过,2012年年初,即便是马斯克的质疑者也逐渐意识到,马斯克真的功成名就了。他带领自己的公司做成了以往从未有人做成的事情。SpaceX成功将一艘补给舱运送到了国际空间站,并将其安全地带回了地球。特斯拉汽车公司推出了一款漂亮的纯电动轿车Model S,使整个汽车行业为之惊叹。马斯克还成为太阳能设备生产商SolarCity的董事长兼最大股东(或者说公司股票持有者),而这家公司也在蓬勃发展。如此看来,马斯克似乎一下子就让航天、汽车、能源三个行业实现了数十年来最大的发展。

然而，令人难以置信的是，像SpaceX这样势头强劲、抱负远大的公司竟坐落在霍索恩。这里不过是洛杉矶县一处不起眼的郊区，破败的建筑连成一片。但是，就在这片昏暗破败的郊区，矗立着一座占地面积55万平方英尺[①]的白色方形建筑，光鲜亮丽，引人注目。它就是SpaceX的主楼。

我第一次来到这里时，看到几百名工程师和机械师在同时建造多枚火箭，而且都是从零开始的。这座工厂是一个巨大的开放式作业区。靠近后方有几个庞大的装卸场，能装下很多大型金属材料。材料在卸下车后，就被运到两层楼高的焊接机上进行加工。在工厂一侧，还有穿着白色工作服的技术工人在制作主板和收音机等电子设备。

其他人则在一间特制的密闭玻璃房里制造由火箭运载到国际空间站的太空舱。头戴花头巾、文着刺青的男人们一边听着摇滚乐，一边给火箭的发动机缠线圈。箭体成品一个挨一个地摆在一起，等着装车。在工厂的另一个区域，还有很多火箭在等待喷白漆。来这里的人很难一次性看到工厂全貌。工作人员一刻不停地在各种奇特的机器之间穿梭。

SpaceX的工厂附近还有马斯克的其他几家公司。其中一座带有弧形屋顶、形似飞机库的建筑就是特斯拉的研发设计室，

---

① 1平方英尺约为0.09平方米。——编者注

Model S 轿车及后续车型 Model X SUV（运动型多用途车）的外观设计就是在那里诞生的。设计室外面的停车场有一座特斯拉充电站，洛杉矶的司机可以在这里免费充电。

就在特斯拉研发设计室，我对马斯克进行了第一次采访，从那时起，我才开始稍稍理解他说话和行事的风格。他很自信，但看起来有些腼腆和拘谨。他讲起话来带点儿南非口音，而且和很多工程师一样，他会时不时地停下以思考措辞。除此之外，谈到技术问题时，他还喜欢用专业术语，却不会对这些术语加以解释。他希望对方能跟上他的思路。

但他这些习惯并不讨人厌。其实马斯克很爱讲笑话，也非常有魅力。只是无论和他谈什么，你都能感觉到一种目的性和紧迫感。马斯克从不闲聊。

大多数知名企业家身边都有助手，但马斯克基本上是自己一个人在 SpaceX 和特斯拉两家公司之间奔波。在自己的公司里，他完全不像在餐厅那样低调。他是公司老板，走起路来昂首阔步、气势十足。

马斯克一边和我说话，一边在设计室主层转悠，检查部件和车辆。每到一个工作台，员工都会冲到他面前，汇报大量信息。他专心地听着、思忖着，觉得满意就点点头。这拨员工汇报完，马斯克就会走到下一个工作台，接受下一轮汇报。

后来，特斯拉的首席设计师弗朗茨·冯·霍兹豪森想让马斯

克敲定 Model X 汽车的座位摆放设计。他们说话时，几名工人在旁边匆匆记着笔记。之后，两人走进后面的房间，听一家高端制图软件销售商的几位高管推销自家产品。

后来，马斯克走向设计室靠里的一个充满噪声的车间，那里有工程师正在建造充电站外面 30 英尺[①]高的装饰塔。"太粗了，估计连 5 级飓风都吹不倒，"马斯克说，"不如改细一点儿吧。"巡视完毕，我和马斯克钻进他的黑色 Model S，七拐八拐地回到 SpaceX 主楼。他谈到了自己对科技行业现状的担忧，还说希望能有更多人投身机械制造领域，研发突破性的产品。"我觉得现在互联网、金融和法律行业的人才太多了，"马斯克一边开车一边说，"这也是阻碍创新发展的部分原因。"

对我来说，"马斯克之地"是一种启示。这正是我 15 年前以记者的身份来到旧金山时所要寻找的东西。

旧金山的贪婪由来已久。这座城市建立于淘金热的背景之下，成千上万人曾来到这里寻找财富，经济的起落就是这座城市的节奏。2000 年，互联网泡沫让整个旧金山淹没在空前的经济高潮之中。整座城市都陷入了一种幻想，人人都渴望通过互联网快速致富。这种全民幻想蕴含着巨大的能量，持续不断的兴奋感

[①] 1 英尺约为 0.3 米。——编者注

在整座城市弥漫开来。

在那时，建立一家可靠的公司不再需要实实在在生产出满足用户需求的产品，只需要有一个和互联网沾边儿的想法，就能吸引投资。人们只有一个目标，就是用最短的时间赚最多的钱，因为人人都知道，美梦总有醒来的一天，好时光终究会过去。

借助互联网快速致富的幻想在 2001 年破灭，旧金山和硅谷一片萧条。科技行业失去了方向。损失惨重的投资人不想再当傻瓜，也不想一错再错，所以不再资助新企业。在这个保守时期，生意人不再用大胆的产品提案招揽投资人，而是改为推广那些更吸引人的、缺乏长期影响力的简单产品。

从新成立的公司和新形成的创意便不难看出当时创新的低迷。虽然谷歌是在 2002 年左右开始崭露头角并蓬勃发展的，但这毕竟是个例。从谷歌崛起到苹果公司于 2007 年推出 iPhone（苹果智能手机）的这几年，没出现过任何有创新成果的公司。而 Facebook（脸书）和 Twitter（推特）等刚刚起步的热门新事物，也与之前的惠普、英特尔和太阳微系统等公司相去甚远。后者制造的是实体产品，而且提供了成千上万的就业岗位。新一代公司的目标已经发生了变化，它们不再承担高风险、打造新行业，而是开始不停地开发简单的应用程序，或者为消费者提供娱乐服务，靠在网站上投放广告赚钱。Facebook 早期的一位工程师杰弗·哈梅巴赫对我说："我们这一代里最聪明的那群人都在想着

怎么让人点击播放广告。真是可悲。"

按理说，马斯克也会被这种大潮席卷，被这种想法浸染，毕竟他在 1995 年就投入了互联网热潮。当时，刚刚大学毕业的马斯克创办了一家名叫 Zip2 的公司，它类似于早期低配版的 Yelp（商户点评网站）。结果，这家公司迅速大获成功。于是马斯克把 Zip2 卖掉，从中赚了 2 200 万美元，并几乎全投到了下一家初创公司，即备受欢迎的在线金融服务公司 PayPal 的前身。后来，到 2002 年，eBay（易贝）以 15 亿美元的价格收购了 PayPal，于是身为 PayPal 最大股东的马斯克身价暴涨。

和同行不同，马斯克没有继续留在硅谷，因此避免了陷入同样的困境。他搬到了洛杉矶，向 SpaceX 投了 1 亿美元，向特斯拉投了 7 000 万美元，又向 SolarCity 投了 1 000 万美元。除了把钱扔进碎钞机，估计马斯克再也找不到比这种投资更能快速烧钱的方法了。人人都觉得这三家公司风险太大，太难成事。此外，他要在硅谷和洛杉矶这两个全球经营成本最高的地方生产超级复杂的实体产品。而当时甚至还有不少人认为，美国的制造业已经无法再与中国等国家匹敌。

但马斯克坚持要做，还将制造业转变成公司的主要优势。SpaceX 和特斯拉力求在自己的工厂进行生产，而没有向合作伙伴求助。最终，他带领公司对传统航天、汽车和太阳能行业中约定俗成的运作方式做了新的思考。

通过SpaceX，马斯克正努力用大型火箭把卫星和补给送上太空，而他的竞争对手则是洛克希德·马丁和波音这些为美国军方提供服务的行业巨头。此外，他要与整个国家——尤其是俄罗斯和中国竞争。SpaceX已经成为航天领域中价格最低的火箭发射服务提供商，但它仅凭这一点还不足以在竞争中取胜。而且，航天业往往会牵扯到一系列复杂的政治问题，公司必须赢得华盛顿立法者的支持，所以马斯克也需要提高自己的说服能力。

SpaceX一直在测试可重复使用的火箭，这些火箭能够把货物送上太空，还能重返地球——确切地说，是能精准降落在发射台上。如果能完善这项技术，SpaceX就可以给所有竞争对手致命一击，让美国在载人载物航天领域中领先全球。在马斯克看来，单这一点就让自己树敌颇多。"想让我消失的人越来越多，家里人担心哪天我会被竞争对手暗杀。"马斯克说。

通过特斯拉，马斯克正致力于实现汽车生产与销售模式的革新。他不想将公司的重点放在混合动力汽车上，因为在他看来，生产同时使用汽油和电力的汽车是一种无奈之举。相反，特斯拉选择挑战科技极限，推出了人们期盼已久的纯电动车。

至于SolarCity，马斯克投资了这家最大的家用兼商用太阳能面板安装公司，参与了公司理念的构思，并出任董事长。在清洁技术行业毫无进展、令人担忧的时代，马斯克打造了两家全球最成功的清洁技术公司。（2016年，马斯克将特斯拉和SolarCity

合并为一家公司。）

马斯克建立的诸多工厂、厂里数以万计的工人及其工业实力颠覆了三个不同的行业，也让马斯克的净资产超过了100亿美元，他成了有史以来最富有的人之一。

在第一次参观SpaceX后，我渐渐明白，马斯克是怎样把这一切变成现实的。他那"把人类送上火星"的设想看起来可能天马行空，但这个宏伟的志向确实能够激励员工。事实上，这三家公司的员工都知道，自己没日没夜地工作，是为了成就伟大的事业，这就是他们不断前进的动力。马斯克可能会定下不切实际的目标，或者让员工拼命工作，但那都是为了……拯救人类。

为了管理好这些公司，马斯克不停地奔波劳碌，这种生活是普通人无法想象的。他的一周通常从他在洛杉矶奢华的贝莱尔社区的豪宅开始。周一，他要在SpaceX工作一整天。周二，他先去SpaceX，然后乘坐私人飞机来到北加州的硅谷。他要在特斯拉待上几天，而特斯拉总部和工厂又不在同一个地方，而是分别位于帕洛阿尔托和弗里蒙特。马斯克在硅谷没有房子，所以只能住在酒店或朋友家里。为了给他在朋友家安排住所，助理得先发邮件，问他的朋友："有没有空房？"如果朋友回复说"有"，马斯克就会深夜出现在人家门口。他多数时候都住在客房，不过有时候也在玩过电子游戏后躺到沙发上凑合一晚。到了周四，他又要回洛杉矶，回到SpaceX。

当被问到怎么应付如此繁忙的行程安排时，马斯克说："我小时候的生活就很苦，或许是那段经历锻炼了我。"

马斯克让几乎已经被美国放弃的航天业与汽车业实现了转型，使其迸发新的生机。而这种转型之所以得以实现，关键在于马斯克掌握着软件开发技术，而且有能力将这种技术与机械设备结合。他打破常规，把原子和字节（也就是实物与代码）融合，成就了非凡的事业。

知名软件工程师兼发明家爱德华·荣格说："在我看来，埃隆是硅谷转型的光辉榜样。我们要去努力探索不同的模式，从而发展更长远的项目，实现更高程度的技术整合。"而荣格所说的整合，就是把软件、电子设备、先进材料与计算能力结合，这似乎正是马斯克的天赋所在。

马斯克也在用这份天赋打造令人叹服的设备。正因为有他，美国有可能在十年内建成全球最具现代化的高速公路系统，该系统由数千座太阳能充电站供电，系统里行驶着电动车。也许到那时，SpaceX每天都会发射火箭，把乘客和货物运送到数十个太空栖息地，并为路途更加遥远的火星移民之旅做准备。这一切似乎令人难以想象，但因为有马斯克在，所以又在某种程度上成为必将实现的目标。正如他的第一任妻子贾丝廷所说："他想做什么就做什么，并会为之不懈努力。那是埃隆所主导的世界，而我们其他人则生活在其中。"

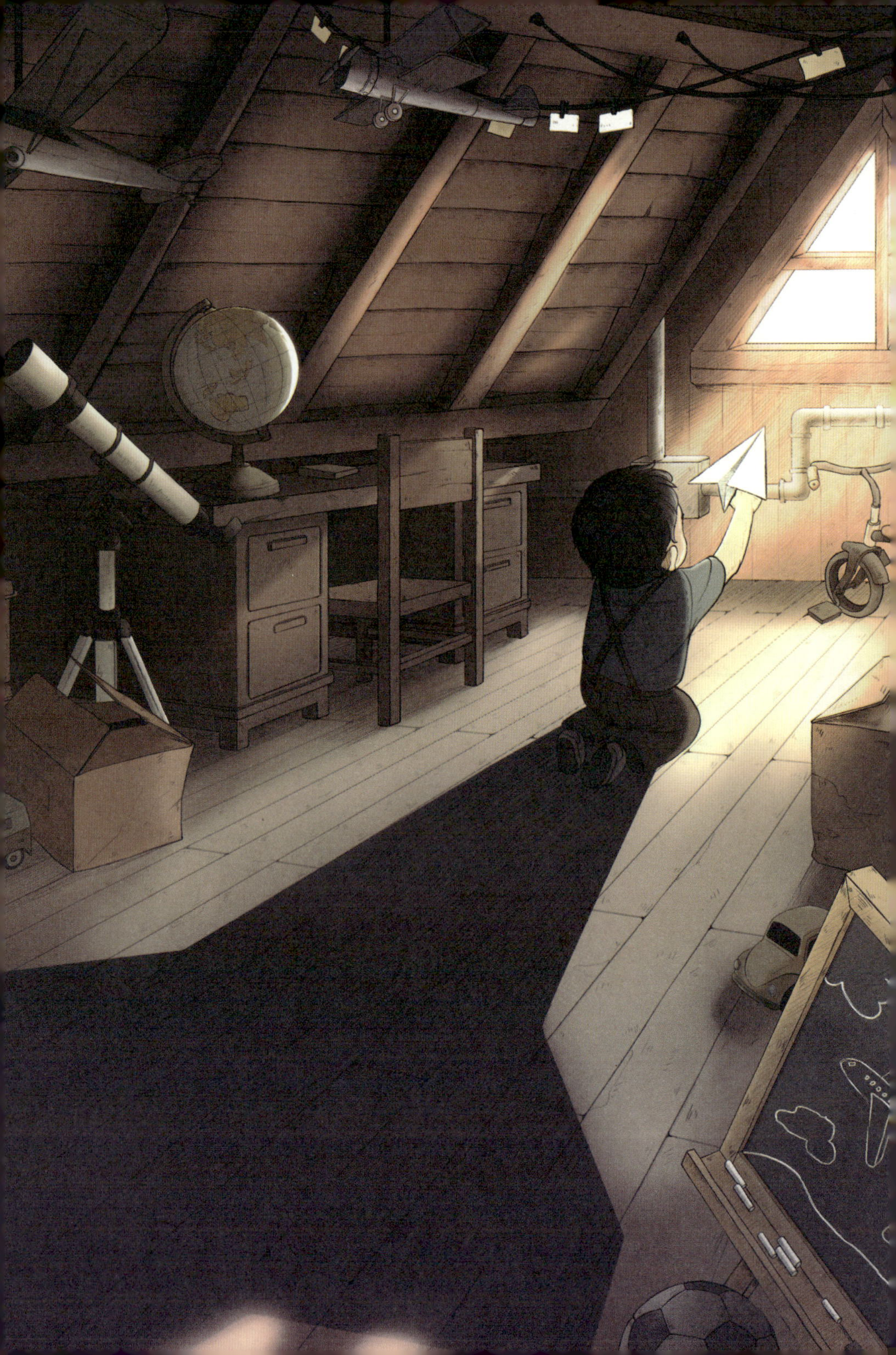

第三章
CHAPTER 3

很多男孩儿都会对太空产生幻想，
也会在脑海里上演正义与邪恶之间的战争，
但认真对待这些想法的孩子很少见。
马斯克就是这样的孩子。

冒险基因的源头

1984年，埃隆·里夫·马斯克首次出现在大众视野。南非某杂志发表了马斯克在十二三岁时设计的一款游戏代码。这款太空游戏名叫《导火线》(Blastar)，灵感来自科幻小说，总共需要100多行代码来运行。那时，人们还需要手动输入指令才能运行计算机程序。在此背景下，马斯克设计的这款游戏虽然并不是什么计算机科学的奇迹，但确实比当时大部分青少年设计的游戏更完善。

《导火线》证明，那时候马斯克的小脑瓜里就酝酿着宏大的征服计划。他在简短的游戏说明中写道："在本游戏中，你需要摧毁一艘载有致命氢弹和状态光柱机的外星飞船。这款游戏中有生动的图像与动画，值得一玩。"（在撰写本书时，即便在互联网上也查不到马斯克说的"状态光柱机"。）

很多男孩儿都会对太空产生幻想，也会在脑海里上演正义与邪恶之间的战争，但认真对待这些想法的孩子很少见。马斯克就是这样的孩子。他在十几岁的时候就已经把守护人类在宇宙中的命运当成了自己的责任。所以，如果改进清洁能源才能保证人类在地球上生存，或者只有建造宇宙飞船才能将人类带到宇宙中更远的地方，那他就必须这么做。马斯克会找到办法把这一切变成现实。

"或许是我小时候漫画看多了。"马斯克说，"漫画里的人总是在努力拯救世界，人们好像应该把世界变得更好，否则就是不合情理的。"

14岁时，马斯克受到了道格拉斯·亚当斯所著的科幻作品《银河系搭车客指南》的影响。"（这本书）提到，最难的是想清楚该问什么问题。"马斯克说，"只要你想明白问题所在，回答起来就没那么难了。我意识到，我们应当努力拓展人类认知的广度与深度，从而更好地理解该问什么问题。"后来，少年马斯克找到了自己人生的意义："唯一有意义的事情是，努力让全人类获得更高层次的启蒙。"

马斯克在十二三岁时开发的第一款游戏，发表在南非一家当地杂志上
© 梅耶·马斯克

马斯克生于1971年，长在南非大城市比勒陀利亚。当时的南非还笼罩在种族隔离制度的阴影下。所谓种族隔离，是一种政府支持的种族主义政策，将白种人和白种人以外的人分隔开来。这种野蛮不公的制度，让整个国家陷入了紧张气氛，导致抗议等暴力冲突时常发生。

当时激进的社会氛围在一定程度上影响了马斯克的思想，也影响了在比勒陀利亚占主导地位的南非白人文化。那里的人崇尚阳刚之气，把强壮的运动员当成偶像。年轻人也会花很多时间去打英式橄榄球和板球。

尽管马斯克家境很好，过着衣食无忧的生活，但他与这个世界格格不入。他从未参加过什么体育项目，也不去寻求同龄男孩的关注，反而喜欢悄悄溜到角落里安静地读书（读的通常是科幻读物）。个性害羞加上无趣的癖好，使他经常被其他孩子取笑。

马斯克很小就打算逃离南非。他想去一个可以接受他的个性、让他实现梦想的地方。他小时候就想过要去太空旅行，或者经营一家大公司。和很多人一样，他也把美国看成一个充满机遇的国度，那里最有可能让他把自己的想法付诸行动。特别值得一提的是，小马斯克听说过很多关于硅谷的故事——在这片位于加州的高科技产业区里，人们靠技术做了很多美妙的事情。于是他决定在将来某一天定居硅谷。这个立志"让全人类获得更高层次的启蒙"的南非男孩，孤独不合群的马斯克，最终竟成了美国最

有冒险精神的实业家。

冒险精神似乎早已被写入马斯克的基因。他的外祖父乔舒亚·霍尔德曼出生于加拿大,是知名的野马骑师、拳击手和摔跤手。乔舒亚年少时帮当地农夫驯马,在草原上帮人干些难度很大的活儿。他组织过加拿大首批牛仔竞技赛中的一场,还曾试着从政,最后成了一名脊椎按摩师,安顿了下来。

马斯克的外祖父娶了一个名叫温妮弗雷德·弗莱彻的加拿大裔舞蹈老师,大家都管她叫"温"。夫妻俩婚后先生了一儿一女,又在1948年迎来了双胞胎女儿凯和梅耶,而梅耶正是马斯克的母亲。乔舒亚是那种愿意不断尝试新事物的人,他后来迷上了开飞机,还买了一架私人单引擎飞机。他开着这架飞机,带着妻子和孩子们飞遍了整个北美。这件事后来还引起了人们的非议。

乔舒亚的生活似乎过得如鱼得水,但在1950年,他决定换一种生活方式。在从政期间,他就对加拿大的很多政策不满,觉得政府对公民事务干涉过多。除此之外,乔舒亚一直渴望开启一场新的冒险,正是在这种欲望的驱使下,他最终决定告别加拿大。

一家人用几个月的时间变卖了房产和物品,准备搬到南非这个乔舒亚从未去过的地方。他把买来的飞机拆开,把部件装箱运到非洲。一到南非,全家人就把飞机重新组装起来,开着它挑选环境优美的居住地,最终在比勒陀利亚定居。

这家人的冒险劲头似乎永无止境。1952年,乔舒亚和温开着飞机穿越非洲，一直飞到苏格兰和挪威，然后回到比勒陀利亚，全程共飞行了 2.2 万英里①。在这趟旅程中，温担任导航员，有时候也会和丈夫轮流驾驶。1954 年是这对夫妇飞行事业的顶峰之年，他们那年飞了 3 万英里，到达澳大利亚又折返。报纸甚至对此事做了报道，在旁人眼中，他们是唯一一对开着单引擎飞机从非洲飞到澳大利亚的私家飞行员。

热衷于野外探险的霍尔德曼一家。孩子们在非洲大草原上和父母一起度过了很多冒险时光 © 梅耶·马斯克

不在天上飞的时候，霍尔德曼一家就去野外探险。他们会花上一个月的时间，去寻找非洲南部卡拉哈里沙漠中荒废的"失落之城"。有一次，他们的卡车撞上树桩，把保险杠撞进了水箱

---

① 1 英里约为 1.61 千米。——编者注

里，于是被困在前不着村后不着店的地方，身边也没有通信设备。乔舒亚花了三天来修理卡车，其他人则负责寻找食物。还有几次，他们碰上了鬣狗和花豹，它们在晚上跑过来绕着篝火转圈。有天早上，这家人醒来后发现一头狮子就蹲在离桌子3英尺远的地方。乔舒亚随手抓起一支手电筒挥舞起来，一边挥一边喊着"走开"，这才把它赶走。

1974年，乔舒亚去世，享年72岁。他在练习着陆时，没注意到电线杆之间的电线，电线卡住了飞机的轮子，把机身掀翻了，于是乔舒亚就这样摔断了脖子。

乔舒亚去世时，马斯克还在蹒跚学步，对外祖父并没有太深的印象。不过他在童年时期听过很多外祖父的冒险故事，家人们惊险刺激的野外探险生活让他陶醉其中。"外祖母告诉我，好几次野外之旅都差点儿要了全家人的命。"马斯克说，"飞机上真的没有任何设备，连无线电都没有，也没有航空图，只有道路图，有的甚至还不准确。但外祖父就是这么渴望探险，喜欢做疯狂的事情。"在马斯克看来，他之所以能承担常人难以承受的风险，很可能就是因为继承了外祖父的作风。

马斯克的母亲梅耶很崇拜自己的父母，也和他们一样热爱生活。梅耶小时候总是被当成书呆子。她喜欢数学和科学，成绩也不错。到15岁，她的美貌也开始慢慢显现。那时的她身材高挑，有一头浅金色的头发，突出的颧骨和棱角分明的五官让她无论走到哪里都格外出众。周末，她会去做时装秀模特，或者接拍杂志。后来，她还闯进了南非小姐选美大赛的决赛。

马斯克的父亲埃罗尔·马斯克和梅耶住在同一个街区，两人很小就认识。多年之后，两人终成眷属，然后梅耶在1971年6月28日生下了马斯克。埃罗尔是位非常出色的工程师，开发过办公楼和购物中心等大型项目。梅耶则成为营养师。马斯克出生一年多以后，他的弟弟金博尔出生，没过多久，他们又多了个妹妹，名叫托斯卡。

马斯克是个精力充沛、充满好奇心的孩子。他学东西总是很快，所以梅耶和很多母亲一样，觉得自己的儿子是个天才。"他的脑瓜转得好像比别的孩子都要快。"她说。不过奇怪的是，马斯克似乎时不时就会走神发呆。有时候，他的脸上会出现一种恍惚的神情，对别人说的话毫无回应。这种情况频频出现，以至于父母和医生都觉得他可能失聪了。"有时候，他就是听不见你说话。"梅耶说。医生给马斯克做了一系列检查，最后决定做手术切除他口腔上方的腺样体，以改善他的听力。"结果也没见有什么变化。"梅耶说。

小马斯克的异常并不是听力问题造成的，而是思维造成的。"他会沉浸在自己的思维里，这时他就好像进入了另一个世界。"梅耶说，"他现在也这样。不过我也不会管他，因为我知道，他八成又开始设计新式火箭之类的东西了。"

孩童时期的马斯克经常沉浸在自己的世界里,对外界的一切不理不睬。医生觉得他可能存在听力问题,便切除了他的腺样体 © 梅耶·马斯克

  别的孩子不理解这种"白日梦"状态。就算有人在马斯克身边蹦来跳去,他也不会注意,不会被打断思绪。身边的人觉得他要么是不懂礼貌,要么就是个怪胎。连梅耶也说:"我确实觉得埃隆和别人有点儿不一样,有点儿书呆子气。"

  但对马斯克来说,这些"冥想"时光非常美妙。五六岁时,他找到了把自己和外界隔绝开,从而能够专注于一件事情的办法。他能在脑海中构思出非常清晰具体的形象,用他自己的话说,"大脑有个视觉处理区域专门负责处理眼睛接收的图像,但对我来说,这个区域似乎被内部思维过程取代了"。

渐渐地，马斯克意识到他的大脑其实和电脑差不多，通过它，自己能看到外界事物，把它们记在脑海中，并且去构思改造或使用它们的方式。凭借大脑这种独特的工作方式，他可以理解复杂的物理概念，解决棘手的工程问题。"加速度、动量、动能——它们受物体影响的方式都能生动地呈现在我的脑海中。"马斯克说。

作为一个小男孩，马斯克最大的特点就是爱读书。他从很小的时候开始，手里就总捧着一本书。弟弟金博尔说："他每天通常要看10个小时的书。赶上周末，他一天能看两本。"不知道有多少次，在一家人一起逛街购物的时候，马斯克走着走着就没影儿了。每当此时，梅耶或金博尔只要冲进最近的书店，通常就能找到他。马斯克总在靠近书店后墙的地板上坐着看书，浑然不知外面发生了什么。

年龄再大一些，马斯克会在下午2点放学后自己去书店，在那儿一直待到6点左右。他把科幻类图书看了个遍，然后看完了漫画，接着又看纪实作品。马斯克说："有时候店员会把我赶出来，但大多数情况下，他们还是能容忍我的。"他喜欢的书有《指环王》、罗伯特·海因莱因的《严厉的月亮》，还有《银河系搭车客指南》。

"有那么一段时间，我把学校图书馆和社区图书馆的书全看完了。"马斯克说，"那可能是三四年级时候的事情吧。我还试着让图书管理员给我订几本新书。后来我开始看《不列颠百科全书》，受益匪浅。这本书让我发现了自己的知识盲区，看到了这世上的各种新鲜事物。"

其实马斯克一共看完了两套百科全书，但这并不能帮他交上朋友。他像照相机一样过目不忘，看完百科全书以后，他简直成了一座知识工厂，一个"万事通"。吃饭的时候，妹妹问他从地球到月亮的距离是多远，马斯克立刻就告诉了她精确的数字。

梅耶说："我们要是有什么不知道的，托斯卡总会说，去问问那个天才吧。不管问他什么，他都答得上来。"

少年马斯克喜欢纠正别人的错误，这让别的小孩儿很恼火。"他们会说：'埃隆，我们再也不跟你玩儿了。'"梅耶说，"作为母亲，我很替他难过，因为我觉得他是想交朋友的。金博尔和托斯卡会请朋友来家里玩儿，埃隆却从来不会，他其实也想和人家一起玩儿。但是你知道，他太腼腆了。"

梅耶让金博尔和托斯卡带上马斯克一起，但小孩子总会说出心里话："妈妈，他太没意思了。"不过长大之后，马斯克和家里的兄弟姐妹感情非常深厚。虽然在学校独来独往，但他在家人面前很外向，后来也成为一家人的主心骨。

马斯克一家有过一段不错的生活。他们的大房子在整个比勒陀利亚都是数一数二的。马斯克8岁时，兄妹三人拍过一张照片。照片中，三个金发碧眼、健康阳光的孩子一个挨一个地坐在砖砌的门廊上,背后是当地有名的紫色蓝花楹。照片里的马斯克脸圆圆的,笑得很灿烂。

埃隆、金博尔和托斯卡在南非的家里 © 梅耶·马斯克

然而,就在这张照片拍完后没多久,他们的父母分居了,并且于 1980 年离婚,那时马斯克才 9 岁。梅耶带着孩子们去了南非东海岸的德班,搬到了原来全家度假的房子里。几年之后,马斯克决定搬去和父亲一起住。"我觉得爸爸有点儿孤单,也有点儿难过。妈妈有三个孩子,他却一个也没有,"马斯克说,"这不太公平。"

母亲很不理解他的决定。"我不明白他为什么要离开我辛苦为他打造的快乐小家,这里的生活才是真正幸福快乐的,"梅耶说,"但我还是尊重他的决定。"金博尔后来也决定搬去和父亲一起住，他的理由很简单，就是儿子应该和父亲生活在一起。

埃罗尔·马斯克的家族在南非已经生活繁衍了两百多年。埃罗尔的父亲沃尔特·亨利·詹姆斯·马斯克当过陆军中士。"我记得他从不好好说话……只会发脾气。"马斯克回忆道。

埃罗尔的母亲名叫科拉·阿米莉亚·马斯克，她出生在英国一个以智慧闻名的家庭。她很爱自己的孙子孙女。"祖母是那种非常强势的人，她对我们的人生影响很大。"金博尔说。马斯克和奶奶科拉特别亲近。"父母离婚后，很多时候都是她在照顾我。她接我放学，还和我玩儿拼字游戏什么的。"马斯克说。

从表面上看，马斯克在埃罗尔那里过得还不错。埃罗尔有很多书给马斯克看，还带着孩子们出国玩了很多次。金博尔也说："父亲带我们出国旅行，给我留下了很多美好的回忆。"

埃罗尔用他的智慧给孩子们留下了深刻的印象，还给他们上过几堂实践课。"他是位有天分的工程师，"马斯克说，"他几乎了解所有实物的运作方式。"埃罗尔去建筑工地干活儿时，会带上马斯克和金博尔，教他们砌砖块、安水管、装窗户、接电线。回想起和父亲一起度过的时光，马斯克说："那段时间很有意思。"

埃罗尔也会对孩子表现出严苛的一面。用金博尔的话说，他"非常严厉"。埃罗尔会让两个孩子坐着听他说教三四个小时，孩子们一点儿也插不上嘴。他好像就喜欢表现出一副严厉的样子，这剥夺了马斯克和金博尔不少本应享受的童年乐趣。

马斯克经常劝父亲搬到美国去，也经常提起自己移居美国的计划。但埃罗尔并不想谈这个话题，还想用"美国生活很艰苦"之类的话打消马斯克的念头。他打发走很多家务工，让马斯克自己把所有家务都干了，好让他明白"做个美国人"是什么滋味。

马斯克和金博尔都说，和父亲住在一起不是件轻松的事。"和他相处有时会让人觉得很受伤，但这也造就了今天的我们。"金博尔说。

"毫不夸张地说，我的童年生活并不怎么样。"马斯克说，"乍一看好像挺好的，也不缺什么，但就是算不上幸福童年，甚至有些痛苦。我父亲很擅长在生活中制造痛苦，真的。他能把所有好事变成坏事，总是高兴不起来。我不明白……世上为什么会有他这种人。"

每当心烦意乱的时候，马斯克就会捧起书本寻找慰藉。快10岁时，他第一次接触了电脑，于是电脑很快便成了他躲避烦恼的另一个去处。"那是一家电子产品店，最初卖的大多是些高保真产品，后来，商店的角落开始出现电脑。"马斯克说。他对这种机器很着迷，人们只要在上面编写程序，就能运行任何指令。

"我缠着父亲，想让他给我买台电脑。"于是没过多久，马斯克就如愿得到了一台康懋达VIC–20。这是1980年市面上流行的家用计算机，配置了5KB（千字节）的内存，还附送一套

BASIC 编程语言教程。

"看完所有教程本来需要半年左右。"马斯克说,"而我对这套书就好像有强迫症一样,连着熬了三天三夜,把所有内容看完了。它可以说是我从小到大接触过的最吸引人的东西。"但身为工程师的父亲看不上电脑,觉得它没什么用。马斯克回忆道:"他说电脑就是游戏机,没法儿在上面完成实实在在的工程项目。我只能说:'随便你怎么想吧。'"

沉迷于电脑的书呆子也有当孩子王的时候。马斯克经常领着金博尔和表弟拉斯·赖夫、林登·赖夫和彼得·赖夫去冒险。他们有一年在家附近卖复活节彩蛋。虽然彩蛋算不上制作精美,但邻居们都很有钱,所以他们还是把价格定为原价的好几倍,并挨家敲门寻找买主。

马斯克还领着他们自制鞭炮和"火箭"。他自己配好火药,然后装在小罐里。"很多东西都能做成炸弹,真是神奇。我当年没把自己的手指头炸掉真够幸运的。"不玩火药的时候,男孩们会穿着好几层衣服,戴上防护镜,用弹珠枪互相射击。马斯克和金博尔还会在沙地上举行越野摩托车比赛。结果后来金博尔从车上摔了下去,撞破了铁丝网,从此以后就再也不比了。

随着年龄的增长,马斯克和弟弟们认真搞起了事业。有一段时间,他们甚至想开一家游戏厅。在家长毫不知情的情况下,男孩们租了一个铺子,开始申请营业执照。但是只有年满 18 周岁的人才能签署法律文件，而赖夫三兄弟的父亲和埃罗尔都不肯签字，所以此事只好作罢。

他们还曾在比勒陀利亚和约翰内斯堡两地来往穿行，这大概算是他们最疯狂的冒险了。20世纪80年代，南非社会治安很乱，而比勒陀利亚和约翰内斯堡之间长达35英里的铁路也是当时全世界最危险的火车线路之一。"南非可不是无忧乐土，"金博尔说，"它会给你带来冲击。我们在这里看到了世界真正的阴暗面，而这也是我们非同寻常的童年生活的一部分——正是这些疯狂的经历改变了我们对风险的看法。在我们看来，找不到工作根本算不上什么事儿。那还不够刺激。"

这群十几岁的孩子还喜欢玩一个名叫《龙与地下城》的虚拟角色扮演游戏，甚至还参加过一次比赛。马斯克说："那时我们简直是呆子中的呆子。"所有男孩儿都喜欢这个游戏。玩游戏时，得有一个人负责想象并描述出一个情景，营造游戏氛围。"你走进一个房间，角落里有个宝箱。要怎么处理这个箱子呢？……你选择打开，于是触发了机关，从里面一下子跑出了几十个小妖精。"

马斯克非常擅长扮演"地下城主"的角色，因为他能详细地记下所有妖怪等角色的法术。"在埃隆的带领下，我们玩得非常好，获得了大赛冠军。在这种比赛中获胜需要超凡的想象力，而埃隆确实很擅长营造氛围，能让人沉迷其中，热情高涨。"彼

得·赖夫说。

相比之下，学校对马斯克来说就没那么有趣了。读初中和高中时，他转过几次学，还经常受欺负。

八年级的一天下午，马斯克和金博尔正坐在楼梯上吃饭，一个男孩突然跑来找马斯克麻烦。"我一直躲着这帮针对我的人……我猜可能是那天早会的时候我不小心撞到那个家伙，把他惹毛了吧。"马斯克回忆说。这个男孩悄悄地潜到马斯克背后，照着他的脑袋踢了一脚，又把他推下楼梯。马斯克摔了下去，那帮孩子马上就扑了过来，有的在旁边对他拳打脚踢，领头儿的则抓住他的头往地上撞。"那是一群疯子，"马斯克说，"我被打晕了。"金博尔被这一幕吓坏了，非常担心马斯克。于是他赶紧冲下楼梯，看到马斯克已经被打得鼻青脸肿了。"他看起来就像是刚从场上下来的拳击手。"金博尔说。然后，马斯克去了医院。"我那次休养了一周左右才回学校上课。"他说。

马斯克就这样被欺负了三四年。霸凌的同学们甚至还打了马斯克最好的朋友，直到他答应再也不和马斯克来往，他们才罢手。"更过分的是，他们抓住了他……抓住了我最好的朋友，好把我引出来痛打一顿。"马斯克说，"我真的……难受极了。"谈到这儿，马斯克的眼睛湿润了，声音也在颤抖。"不知道为什么，他们偏揪着我不放，让我的成长之路变得非常艰难。这种日子持续了很多年，无休无止。我在学校被那群人追着……打，而家里的日子也没好到哪儿去。这种难受的日子似乎没有尽头。"

马斯克上小学时几乎没有朋友，有好些年总受欺负 © 梅耶·马斯克

马斯克的后半段高中时光是在比勒陀利亚男子高中度过的。那儿的日子似乎好过一些，因为马斯克当时身高猛涨，而且那里的学生更规矩。它虽然名义上是公立的，却已经按照私立学校的方式运作了几百年。孩子到了那儿，就相当于一只脚踏进了牛津大学或剑桥大学。

在同学们的印象中，马斯克是个安静、讨人喜欢却并不出众的学生。坐马斯克后桌的同学说："班上有四五个非常聪明的学生，但埃隆并不在其中。"除了他，还有六七个同学也这么说，他们也发现马斯克不怎么喜欢体育运动，所以很多时候他都很孤独。另一个同学回忆道："老实说，谁也没想到他能成为亿万富翁。在学校时，他从来没有带过头。他能取得今天的成就真让我大吃一惊。"

虽然在学校几乎没有朋友，但马斯克那与众不同的兴趣给旁人留下了深刻印象。有个同学记得马斯克曾把火箭模型带到学校，还在课间把它点火发射了。在一次科学课的辩论中，马斯克认为应该用太阳能取代化石燃料，这引起了全班的注意——在当时的南非，他的观点非常不受欢迎，因为国家正依赖丰富的自然资源实现经济增长。和马斯克多年来一直保持联系的同学特伦斯·贝尼说："他对事物的看法不会轻易动摇。"贝尼表示，马斯克在高中时就梦想将人类送到其他星球去，而且愿意和同龄人谈论这些远大理想。

马斯克可能不是班上最优秀的学生，但他对计算机有浓厚的兴趣，成绩也不错，所以得到了参加计算机实验课的机会。能入选参加这门课的学生并不多，他们来自不同的学校，聚在一起学习 BASIC、COBOL 和 Pascal 等编程语言。马斯克在班里的表现非常出色。

与此同时，他对科幻小说和奇幻故事的喜爱也未停止，并开始创作一些关于龙和超自然存在的小说。"我想写出《指环王》那样的作品。"他说。

在梅耶看来，马斯克在学校表现得很出色。从她口中，你能听到很多马斯克青少年时期在学业上取得的傲人成绩。按照她的说法，马斯克考试成绩不如其他孩子，完全是因为他对学校布置的作业没有兴趣。

马斯克基本同意母亲的说法。"我只想知道，要考多少分才能做自己想做的事情。比如，在我看来，开设南非荷兰语这类必修课就很荒唐，根本没必要学，能拿及格分就可以了。而物理和计算机这样的课程，我就能拿到最高分。我不愿意盲目追求高分。与其花时间去获得一个毫无意义的A，还不如去打游戏、写软件或者看书。四五年级的时候，我好像有几门课没及格。然后我母亲的男友就跟我说，如果再考不及格，我就得留级了。我以前真不知道必须考试及格才能升入更高一个年级，于是从那以后，我就努力成了班里的尖子生。"他说。

17岁时，马斯克离开南非去了加拿大。他想尽快去美国，并打算把加拿大作为一块跳板，因为外祖父外祖母的老家就在那儿。在他看来，加拿大正是前往硅谷的途径。

后来，加拿大通过了一项新法律，使梅耶能够把自己的加拿大国籍传给孩子，于是马斯克开始了逃离南非的计划。他立刻开始琢磨怎么独立完成申请公民身份的文书。大约过了一年，申请通过了，马斯克终于收到了加拿大护照。"就在那时，埃隆告诉我们：'我要去加拿大了。'"梅耶说。在互联网尚未诞生的年代，马斯克要等3周才能拿到机票。机票一到手，他便毫不犹豫地离开了故乡，从此再也没有回来。

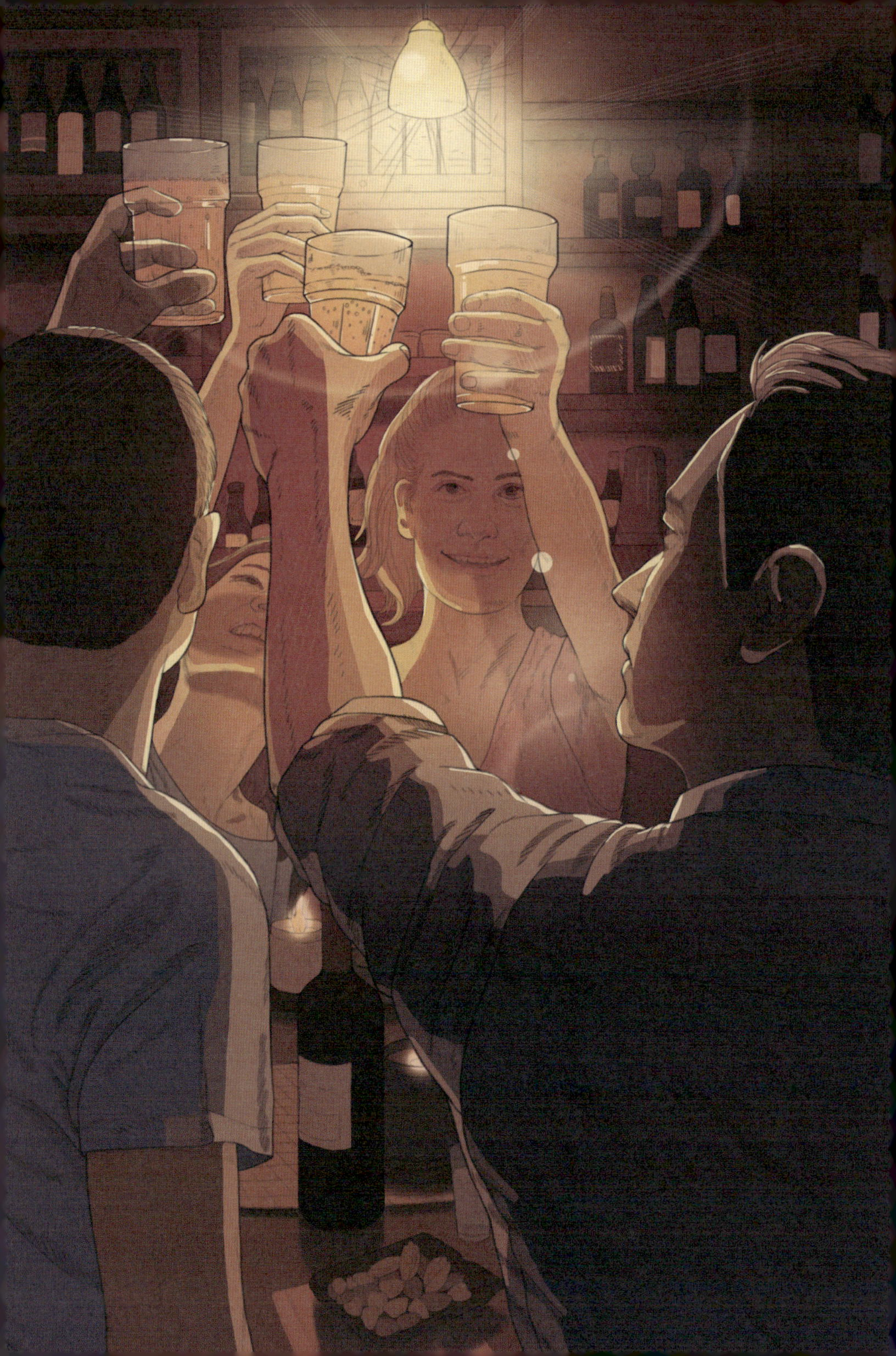

第四章
CHAPTER 4

"我不是投资人，"
他说，"我想做的是，
让那些对未来意义重大且在某种程度上
比较实用的技术变成现实。"

觉醒之旅

出走加拿大的计划并不周全。马斯克只知道自己有位住在蒙特利尔的叔外祖父可以投奔，便登上了飞机，祈祷一切顺利。1989年6月，他踏上了加拿大的土地。下飞机后，他先找到一部公用电话，想借助查号台寻找这位亲戚，结果没找到。他只好打电话向母亲求助，没想到等待他的竟是个坏消息。

在马斯克出发前，梅耶给她的这位叔叔写了信，等收到回信时，马斯克已经在飞机上了。信上说，叔外祖父已经搬去了美国的明尼苏达州，无处投靠的马斯克只得拎着包去了一家青年旅舍，就是那种专为年轻人准备的廉价旅馆。

在蒙特利尔转了几天后,马斯克想找个更稳定的住处。梅耶的家人分散在加拿大各地,于是马斯克开始挨个儿联系他们。他买了一张可以随时上下车的长途巴士通票,便动身去了萨斯喀彻温省,这是他的外祖父生活过的地方。

马斯克坐了很长时间的车,最后来到一个叫斯威夫特卡伦特的小镇。他在车站用电话联系上了一个表哥,然后搭便车去了他家。

一开始,马斯克在这个表哥的农场里干活,做些种菜、打扫谷仓的活计。他还在那里度过了18岁生日,和亲戚们一起吃了蛋糕。之后的小半年,马斯克从一个城市跑到另一个城市,到处打零工。比如,有段时间他去了不列颠哥伦比亚省的温哥华,在那儿学会了用链锯锯木头的本事。

当地企业会在职业介绍所发布招工启事,马斯克有几份工作就是在那里找到的。别人告诉他,给木材厂清理锅炉最赚钱,因为这种活儿有些危险。但马斯克决定去试试。"在那儿工作得穿上防护服,从那条窄得要命的通道里挤过去,收拾锅炉里面那些还冒着热气的沙子、黏糊糊的残渣,用铲子把它们从你进去的通道铲出去,根本没法儿偷懒。外面的人会负责把它们铲到手推车里。要是在里面待的时间超过半个小时,就会被热死。"刚开始共有30个人入职,结果第一周结束之后,除了马斯克,就剩两个人了。

就在马斯克四处奔波时,他的弟弟、妹妹和母亲也在想方设法移居加拿大。梅耶先去那里寻找合适的住处。趁梅耶不在家,14岁的托斯卡卖掉了南非的房子和家具,连梅耶的车也没留下。从加拿大回来后,梅耶问托斯卡为什么要变卖所有的家产,托斯卡回答道:"反正我们马上就要走了。"

家人们在加拿大安顿下来之后,马斯克便去了安大略省金斯顿市的女王大学。不去学校的时候,马斯克就和金博尔一块儿看报纸。两人会把他们觉得有意思的、想认识的人圈出来,然后轮流给这些人打电话,问他们是否愿意共进午餐。

值得一提的是,在兄弟俩邀请过的人中,有一位名叫彼得·尼科尔森的加拿大丰业银行高管。尼科尔森对这两个孩子的电话记忆犹新。"我一般不接受这种突如其来的邀请,但这两个孩子很有魄力,所以我打算答应他们的请求。"马斯克兄弟俩等了足足半年才等到尼科尔森抽出时间赴约。时间一到,兄弟俩便坐了3个小时的火车,准时出现在餐厅。

尼科尔森对两兄弟的第一印象是他们很懂礼貌。马斯克看起来更加沉闷和腼腆,金博尔则富有魅力、个性十足。"一聊起来,我对他们的印象更深刻了,也越来越被他们吸引。他们的意志非常坚定。"就这样,尼科尔森给了马斯克一个丰业银行的暑期实习机会。

没过多久，马斯克便邀请尼科尔森的女儿克里斯蒂参加自己的生日派对。两人从未见过面，但在聚会上，马斯克径直走到克里斯蒂身边，带着她坐到沙发上。克里斯蒂后来回忆道："我记得他跟我说的第二句话就是'我对电动车有不少看法'，然后转过脸来看着我说：'你有什么看法吗？'"

马斯克去了加拿大，就读于安大略省的女王大学，住在外籍学生宿舍里 © 梅耶·马斯克

克里斯蒂立刻觉得马斯克是个有趣的、与众不同的人。后来，两人开始频繁通话。有一次，马斯克在电话里和克里斯蒂说，如果不吃饭也不会饿死，那他就会用吃饭的时间来完成更多工作。他还说，希望能有一种不花时间吃饭就可以获取营养的方法。克里斯蒂对此很惊讶——没想到居然有人愿意只干活儿、不吃饭。

在女王大学读书期间，马斯克还结识了同窗贾丝廷·威尔逊。这是个既聪明又漂亮的女生，留着一头棕色长发，还获得了跆拳道黑带。马斯克很喜欢她，只可惜他不是贾丝廷喜欢的类型。对方喜欢的是那种狂野的"坏"小子，而不是腼腆的科技宅男。不过马斯克不死心，又是在贾丝廷学习时给她带冰激凌，又是邀请她参加派对，终于，在马斯克的努力下，两人开始约会了。

马斯克喜欢上大学。他那博学多闻的派头让他深受同学们的欢迎。在这里，马斯克认识了一群朋友，他们喜欢具有挑战性的大学课程，也佩服他的学识。他可以随心谈论那些跟能源和太空有关的话题，无论说什么都不会再遭人嘲笑。大家欣赏马斯克的雄心壮志，而马斯克也得以在这种环境下茁壮成长。

1990年秋，在国外长大的加拿大人纳瓦德·法鲁克住进了马斯克的宿舍，两人一拍即合。他们都喜欢玩策略类的棋盘游戏，电子游戏《文明》发布后，两人会一连玩上好几个小时，在游戏中打造自己的帝国。"他并不轻易交朋友，可一旦成为朋友，他就会特别忠诚。"法鲁克说。

马斯克有段时间还在学校里卖电脑整机和配件来赚零花钱。"我能组装出满足同学们需求的机器，比如精心设计的游戏机或者简单的文字处理器，而且比商店里卖得便宜。"马斯克说，"要是谁的电脑不能正常启动，或者中了病毒，我也会帮他们修好。我几乎能解决电脑方面的所有问题。"

和高中时期相比，大学时的马斯克更加野心勃勃。他学习商业知识，参加公开演讲比赛。此外，他那种追求高强度、崇尚激烈竞争的工作模式也在大学时期初露苗头。"要是认准了一件事，马斯克就会拿出超越常人的劲头，"法鲁克说，"这就是他与众不同的地方。"

在女王大学学习两年后，马斯克在1992年拿到了宾夕法尼亚大学的奖学金，转到那里就读。在马斯克看来，这所常春藤大学可以带来更多机遇，他在那里修了双学位——先是在沃顿商学院攻读了经济学，接着又成为物理学学士。而贾丝廷则留在女王大学，两人开始了异地恋。

在宾夕法尼亚大学，马斯克更加如鱼得水，和物理系的同学一起出去玩儿的时候也越来越自在。"在宾夕法尼亚大学，他碰到的都是和他思维模式相似的人。"梅耶说，"那儿也有一些书呆子，埃隆非常喜欢和他们待在一起。我记得我还和他们一块儿吃过饭，他们会在餐桌上讨论物理问题，说'A加B等于π的平方'之类的话，会一起开怀大笑。看到埃隆这么高兴，我真是欣慰。"在这里，马斯克还交到了一个非常要好的朋友，他叫阿德奥·雷西，后来也成了硅谷的成功商人，直到今天仍和马斯克保持着紧密的联系。

雷西身高一米八以上，又高又瘦。和认真刻苦的马斯克相比，雷西更富有艺术气息。两人都是转校生，后来在主校区外合租了一栋大房子。这里原来是大学生联谊会会堂，一共有10间卧室，但是一直没有租出去，所以租金比较便宜。平时马斯克和雷西会用功学习，但到了周末，他们（尤其是雷西）就会把这儿变成夜总会。雷西会用垃圾袋遮住窗户，把屋里弄得一片漆黑，还给墙刷上鲜艳的颜料，把所有能拿来用的装饰品都挂在墙上。参加派对的人需要交5美元的入场费，而他们每次都要拉来500人。

后来，两人又租了一套有14个房间的套房，还另找了一个室友合租。有一天，马斯克回家后发现雷西把他的桌子钉在墙上，还涂上了荧光涂料。于是马斯克把桌子拽下来，把它涂成黑色，然后开始做功课。雷西说："我当时在想，哥们儿，这可是咱们办派对用的装饰品啊。"但在马斯克眼中，它就是张桌子。

虽然马斯克不怎么参与派对的准备工作，但他是真正的主办人。他说："我上大学时自给自足，一晚上就能赚够一个月的房租。"雷西则说："要说古板，谁也比不上埃隆。他什么好玩儿的活动都不参加。真的从来都不去。"马斯克学习起来不要命，玩起游戏也是没完没了，要不是有雷西拦着，他会一连玩上好几天。

长期以来，马斯克一直对太阳能等新能源的利用方式很感兴趣，这种兴趣在宾夕法尼亚大学得到了进一步的发展。1994年12月，他写了一篇题为《打造太阳能社会的重要性》的论文。文章以马斯克特有的幽默风格开篇，他在页面顶端写道："'太阳明天会照常升起'——小孤女安妮① 论可再生能源。"接下来，文章便开始阐述太阳能技术将要崛起的观点。这篇论文最后得了98分，教授认为此文"生动有趣，写得很好"。

后来，马斯克开始认真考虑毕业后的去向。他短暂考虑过进入电子游戏行业，因为从小就喜欢，而且有相关实习经历，不过后来觉得这个行业没有太大意义。"我非常喜欢电子游戏，但就算我真的做出了精良的成品，又能对世界有多大影响呢？"马斯克说，"根本不会有太大影响。就算我天生爱玩游戏，我也不会把它当成职业。"

按照马斯克的说法，他从不愿意一味地赚钱。读大学时，他就在思考人类究竟需要什么。"我不是投资人，"他说，"我想做的是，让那些对未来意义重大且在某种程度上比较实用的技术变成现实。"

---

① 《小孤女安妮》(Little Orphan Annie) 是1924年的美国连载漫画，该作品后被改编为广播剧、电影与音乐剧。"太阳明天会照常升起"(the sun will come out tomorrow) 是音乐剧中的一句歌词。——译者注

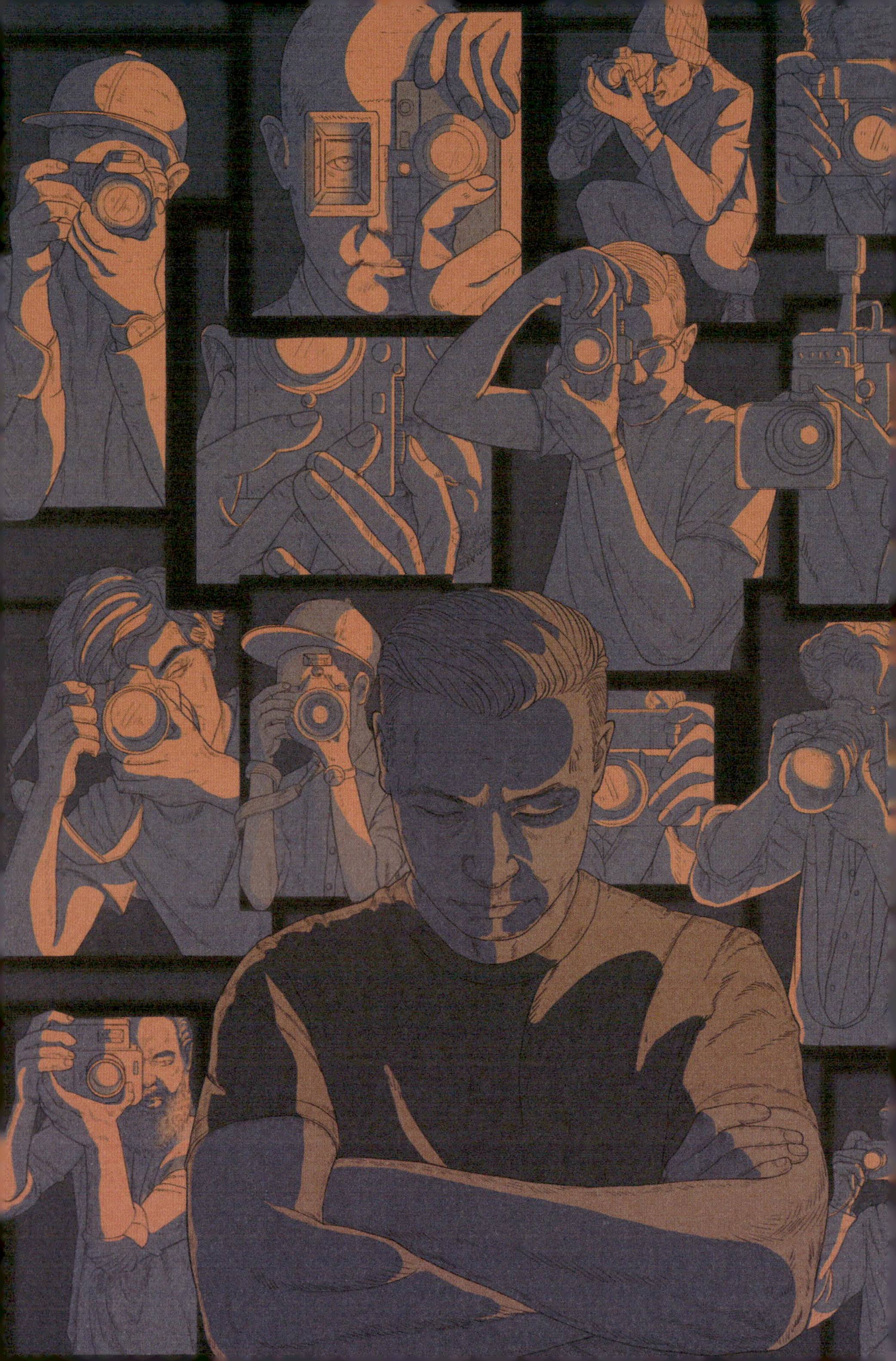

第五章
CHAPTER 5

他能想出优秀的点子，
还能把点子变成实实在在的服务，
而且能从疯狂的互联网泡沫中脱颖而出，
赚到真金白银。

初次创业

1994 年夏，马斯克和弟弟金博尔开启了一场穿越美国的公路旅行。

两兄弟开着一辆 20 世纪 70 年代产的老旧宝马从旧金山附近出发，开始了他们的旅程。当时正是 8 月，加州气温飙升。两人先是来到莫哈韦沙漠。在那里，49 摄氏度的高温加上一辆没有空调的旧车，让他们尝到了汗如雨下的滋味。后来，他们一遇到小卡尔汉堡包连锁店就会把车停下，在里面蹭几个小时的冷气。

对 20 多岁的人来说，这样的旅行能让他们有充足的时间冒险，去畅想未来的职业道路。当时互联网刚开始流行，兄弟俩觉得可以合伙开一家从事互联网业务的公司。于是两人轮流开车，边开边聊，直到秋天到来，向东折返，马斯克回到了学校，但他们最终也没想出什么满意的点子。

那年夏天，在和金博尔一起旅行之前，马斯克在硅谷待过一段时间，同时在两家公司实习。白天，他在创业公司顶峰研究院工作。那里的科学家正在研究一种名叫超级电容器的电力存储设备，希望用它代替化石能源，或许将来可以应用于电动车或混合动力汽车中。

这份工作的内容也会涉及一些奇特的领域。马斯克在那里工作时，可以花很长时间去探讨怎么将这种超级电容器用于制造电影《星球大战》里的激光枪。这种枪能释放巨大的能量，持枪者可以通过更换枪底部的超级电容器来补充弹药，再次开火。就这样，马斯克渐渐爱上了研究院的工作。

到了晚上，他又要到火箭科学公司上班。这也是一家新公司，旨在开发最先进的电子游戏，抛弃之前用的游戏卡带，改用光盘装载程序。光盘可以存储更多的信息，还可能呈现电影般的画质，带来更精彩的故事。

为了开发出精良的游戏，这家公司召集了一群顶尖的工程师与电影人。他们每天24小时都在办公室里工作，也不觉得马斯克每天下午5点来这里打第二份工有什么好奇怪的。刚开始，马斯克只是写一些简单的代码，但很快，他就开始主动挑战那些难度更大的工作。为公司的创办出了一份力的澳籍工程师彼得·巴雷特曾说："我觉得没人给过他什么指导，但他最后总能做出自己想做的东西。"

硅谷为马斯克提供了梦寐以求的机会，也让他找到了与自己的野心匹配的平台。连续两年，他的暑假都在硅谷度过。等到从宾夕法尼亚大学拿到双学位毕业之后，他便留在了这里。起初，他想去斯坦福大学物理专业继续深造，专心开发超级电容器，但他无法抗拒互联网的召唤和光明创业前景的诱惑，所以只在斯坦福待了两天便退学了。他还劝金博尔搬去硅谷，这样两人可以一块儿征服互联网。

马斯克在实习期间就萌生了创办互联网公司的想法。当时，黄页公司的一名销售人员来到他实习的公司，推销在网络上编制企业电话号码清单的想法，说这种清单可以作为厚重的传统企业黄页的补充。显然，这名销售对互联网知之甚少，但他糟糕的销售技巧反倒激发了马斯克的思考。于是马斯克找到金博尔，第一次提出帮助企业上网的想法。

"埃隆当时说：'这些人不知道自己在说什么，或许这是我们的机会。'"金博尔说。于是在 1995 年，这对兄弟着手组建全球链接信息网络公司，这家初创公司就是后来的 Zip2。

Zip2 的创意非常巧妙。在 1995 年，互联网还是一个全新的

概念，当时没有几家小企业真正了解互联网。它们不知道怎么上网，也不清楚创建官网的价值，甚至都不知道把企业联系方式放进网络电话簿，从而吸引潜在客户。马斯克和弟弟希望能让餐馆和理发店等小店老板明白，他们现在应该让网上冲浪的用户看到他们的存在。Zip2会创建一份带搜索功能的企业名录，并将其与地图结合。他经常借用比萨店来解释其中的道理：人人都应该知道离自己最近的比萨店在哪儿，并且能找到明确的路线。在今天看来，Zip2的功能和使用方式都很清楚——它就相当于Yelp和谷歌地图的结合体，但在当时没有多少人能够理解。

马斯克兄弟在离斯坦福大学不远的帕洛阿尔托找到了一座三层小楼，租了楼里的一间小办公室，又买了几件必备家具。楼里没有电梯，厕所还经常出问题。

当时，23岁的马斯克独自编写了Zip2的所有原始代码，金博尔则负责挨家挨户上门销售。后来，马斯克设法获得了湾区企业名录数据库的访问权限，其中包含了企业名称和地址信息。之后，他又获得了某些数字地图与导航的使用权，并把所有技术整合，打造出了一项新服务。

为了帮助两个儿子成功度过创业初期，父亲埃罗尔给他们资助了2.8万美元。不过在租完房子、买好软件和设备后，钱就差不多花完了。在Zip2成立后的头3个月里，马斯克和弟弟住在办公室，把衣服装在一个小衣柜里，洗澡就去基督教青年会。

"有时候，我们一天要在'玩偶匣'快餐店吃四顿饭。"金博尔说，"那家店24小时营业，很适合我们的工作日程。后来我再也没去过那家店，不过我到现在都背得出来店里的菜单。"

尽管Zip2是一家互联网公司，但要想让公司顺利起步，还是要靠传统的上门销售技巧。他们需要让企业知道互联网的好处，想尽办法让对方购买之前不曾听说的服务。

1995年年末，马斯克两兄弟开始了第一批招聘，并组建了一个包含各色人等的销售团队，20岁的杰夫·海尔曼就是其中一员。自由奔放的他是Zip2的首批员工之一，当时还在寻找自己的人生方向。和他一同进入公司的还有另外几名销售，他们都按照佣金制工作，也就是从赚来的钱中抽取一部分作为报酬。

马斯克几乎不出公司半步，困了就睡在桌子旁边的懒人沙发上，和一条狗没什么两样。"我基本每天早上都在7点半或8点上班，来的时候就看见他在那个懒人沙发上睡觉。大概到了周末他才会洗澡吧，谁知道呢。"海尔曼说。马斯克让Zip2的第一批员工到了办公室就先踢他一下，这样他就可以醒过来继续工作。

在马斯克专心写代码时，金博尔担任了销售主管一职。"金博尔总是那么乐观，非常能鼓舞士气。"海尔曼说。金博尔安排海尔曼去帕洛阿尔托的高端商铺说服经理们注册Zip2服务。

当然，最大问题就是没人愿意买单。一周又一周过去，海尔曼一家家地敲门，可依然带不回好消息。每到午餐时间，马斯克兄弟就会从装现金的雪茄盒里拿出点儿钱，带着海尔曼出去吃饭，听他汇报惨淡的销售情况。

另一名早期雇员克雷格·莫尔辞掉了地产经纪人的工作，来到Zip2做销售。他决定把主要精力用于拉拢汽车经销商，因为这些人通常会花大价钱做广告。"有一天，我带着大约900美元的支票回来了。"莫尔说，"我走进办公室，问大家想怎么处理这笔钱。这时，马斯克敲键盘的声音停下了，他从显示器后面探出头来说：'不会吧，你赚到钱了？'"

30多岁的加拿大商人格雷格·库利也是Zip2团队中的一员。他在多伦多见过马斯克，很喜欢Zip2的创意。一天早上，马斯克和弟弟来到库利家门口对他说，他们要去加利福尼亚碰碰运气。当时库利还穿着睡袍，听完他们的话，他转身就回屋翻了一会儿，最后找出6 000美元投给了Zip2，并在1996年年初搬到了加利福尼亚，成为Zip2的联合创始人。

库利是真正做过生意的人，他能够洞察人心，所以成了Zip2的"大家长"。他很擅长安抚马斯克，于是便担当了导师的角色。后来担任Zip2首席执行官的德里克·普罗蒂昂说："那些高智商的人有时候并不明白，不是所有人都能跟上他们的思路，和他们一样脑子转得那么快。马斯克很少听取别人的意见，但库利是一个例外。"当马斯克和金博尔在办公室大打出手的时候，出面调停的也往往是库利。

"我一般不和别人打架，但埃隆和我都有自己的想法，而且谁也说服不了谁。"金博尔说。有一次，两人因为业务决策分歧而爆发了非常激烈的冲突，马斯克的手都破了皮，不得不去医院打破伤风针。最后还是库利出来平息了这场纷争。

1996年年初，Zip2经历了一次大变动。风投公司莫尔·戴维多会定期向初创公司投入大量资金，以换取公司股份。听说有两个南非男孩想在互联网上做黄页之后，该公司决定安排人来见见他们。在接触过程中，马斯克的冲劲儿给投资人留下了深刻印象，于是他成功得到了300万美元的投资。

钱到手后，全球链接信息网络公司正式更名为Zip2，新名字的意思是"想去哪里，说到就到"。公司搬进了一间更宽敞的办公室，并开始招募优秀的工程师。

除此之外，Zip2还调整了业务模式。当时公司已经开发出了网上最好的导航系统之一，但在此基础上，他们还想改进原有的技术，把市场从湾区扩大到美国其他大城市。于是，公司不再用登门销售的方式做生意，而是开发了一个可以卖给报业公司的软件包，让它们创建自己的名录。

马斯克不喜欢转移业务重心，也不想改变公司运作的方式。但他最后还是被投资人推到了首席技术官的位置上，只负责技术问题，不再插手公司的管理。投资人找来了其他人担任公司的首席执行官一职。

作为一个自学编程的人，马斯克的水平已经相当高了，尽管如此，他还是比不上那些新招聘的专业程序员。这些新人看了 Zip2 的代码后，马上就开始对软件进行重写优化。

这些软件工程师还设定了更合理的工作安排，在此之前，马斯克的一贯做法是：给项目设定非常紧迫的截止日期，让工程师没日没夜地工作来完成目标。相比之下，调整后的安排无疑更受欢迎。按 Zip2 员工的话来说：“在马斯克眼里，所有工作都可以在一个小时之内完成。后来我们慢慢发现，他眼里只需要一个小时就能完成的工作，实际上需要一两天。"

创办一家公司并看着它慢慢成长，这样的经历让马斯克信心大增。有一次，马斯克高中时期的一个朋友去加州看他，见面不久就发现了他性格上的变化，亲眼看到他和难为自己母亲的可恶房东对峙。马斯克当时说："想欺负人是吧？有胆子就来找我吧。"读高中的时候，马斯克一直是众人欺负的对象，但此时他已经变得沉着自信，可以掌控局面了。

Zip2 向报业公司销售软件包的业务大获成功。那些公司原本也在开发自己的互联网服务，但进展缓慢，而 Zip2 则为它们提供了一种向读者销售汽车等商品的新途径。到 1997 年，Zip2 搬进了一间更漂亮的办公室，地址就在附近的芒廷维尤市。

但让马斯克不满的是，Zip2 只把产品卖给报业公司。在他看来，公司可以直接向所有人提供这种新颖的服务。于是他提议，买下域名"city.com",以期用这种方式把公司变成一个面向大众的网站。但Zip2的首席执行官还是决定继续专注于报业公司的业务。

1998年4月,Zip2宣布与其主要竞争对手Citysearch合并。马斯克起初赞成合并,后来却表示反对。1998年5月,两家公司取消了并购交易,此举在Zip2内部掀起轩然大波。

随着合并计划的失败,Zip2也遇上了难题。过去的经营状况虽然还算不错,但由于一直努力开发服务,同时雇用了大量销售人员,所以公司一直处于亏损状态。马斯克还是想把Zip2推广给大众,但新上任的首席执行官担心,服务范围的扩大和新技术的研发会消耗过多资金。就在马斯克和其他人为Zip2的未来争论不休时,提供类似服务的竞争者陆续出现。此时互联网已经普及,想要建立网络业务的人自然也越来越多。

1999年2月,大型个人电脑制造商康柏突然提出以3.07亿美元的现金收购Zip2。曾在Zip2工作的埃德·何回忆道:"这简直像天上掉馅饼一样。"Zip2接受了收购,并为此举办了一场盛大的派对。莫尔·戴维多公司拿到了其原始投资20倍的回报,马斯克也在拿到2 200万美元后离开了公司。他从未考虑过留在康柏,所以在得知公司要被卖掉后,他立刻就着手做别的事了。

经营Zip2的经历给马斯克上了重要的一课,其中最大的教训就是,不能让投资人对自己的公司干预过多。从那以后,马斯克始终努力将公司的控制权掌握在自己手中,首席执行官的职位也不会再让给别人。金博尔说："我们当时也不知所措，只觉得这些人肯定知道自己在做什么，但实际上他们不知道。公司在被交给他们以后便没了前景。"

多年后，马斯克花时间对 Zip2 的经历做了复盘，他意识到，自己与员工的沟通方式有待改进。有时候他会在开会时训斥员工，还会要求员工长时间工作。"我之前根本没有带团队的经验，"马斯克说，"我从来没有当过体育队之类的队长，连一个人都没管过。而管理者通常是要站在别人的角度上考虑问题的，要时常问问自己：'我要是他们，听了这些话会怎么想？'"

关于这一点，马斯克提到了一件事。Zip2 的一个员工曾在办公室黑板上写了一个错误的公式。马斯克回忆道："我当时就想：'你怎么还能犯这种错呢？'于是我纠正了他。但从此之后，这个人就开始讨厌我了。"显然，马斯克让他在公司很多人面前丢脸了。"后来我才意识到，确实，我是纠正了他，但因为我，他也不怎么愿意工作了。这件事办得确实不太好。"

在创办 Zip2 的过程中，马斯克既有运气，又有能力。他能想出优秀的点子，还能把点子变成实实在在的服务，而且能从疯狂的互联网泡沫中脱颖而出，赚到真金白银，这已经超出了大多数人的想象。但这个过程也是痛苦的。马斯克想做管理者，但身边的人觉得他无法胜任首席执行官的职位。在马斯克看来，这些人都错了。于是他开始证明自己的能力。

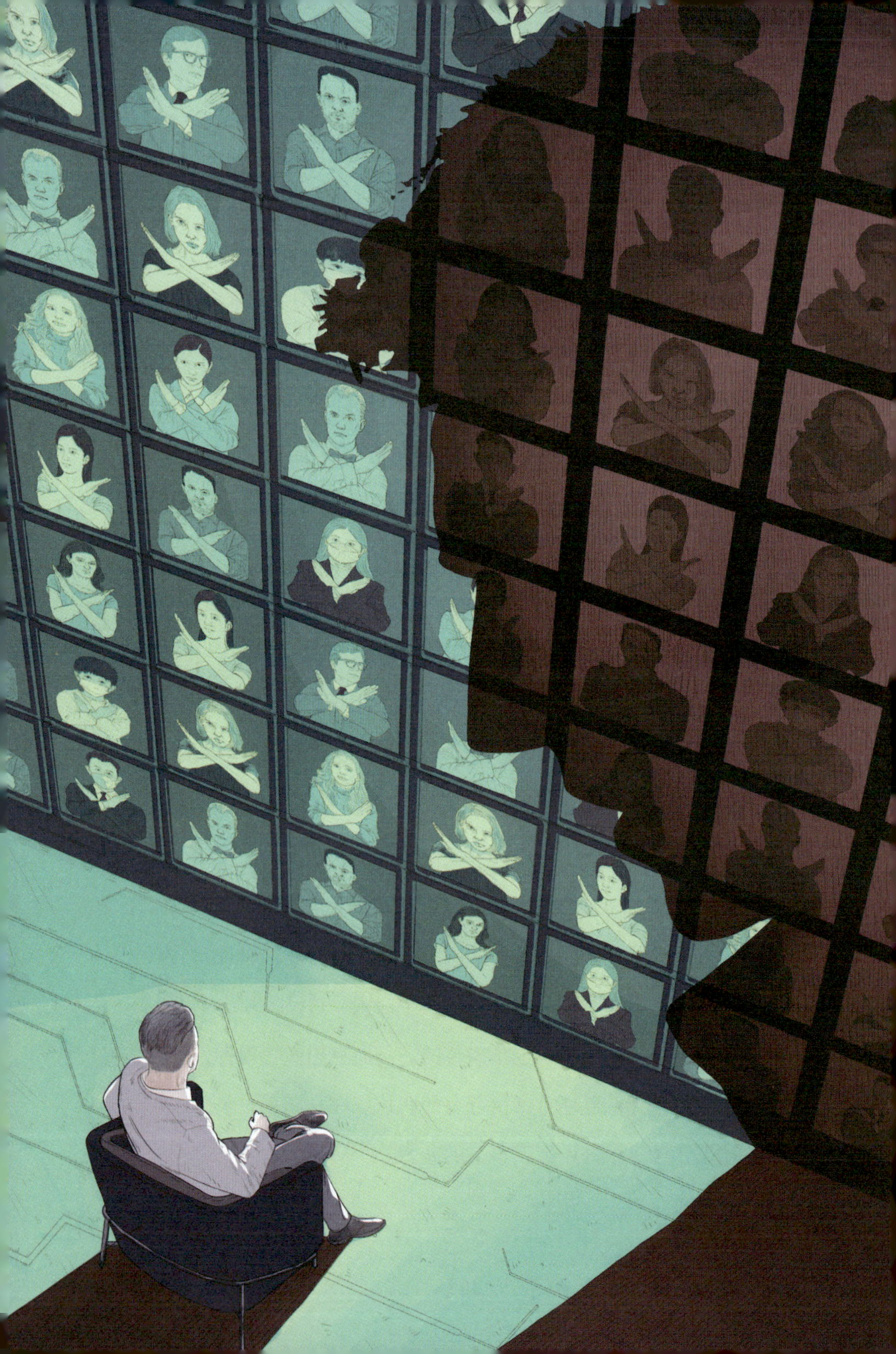

第六章

CHAPTER 6

他个人愿意承担很大的风险。
做这种生意,要么大获成功,
要么落得流浪街头,一无所有。

从 X.com 到 PayPal

如同他喜欢的游戏角色那样，马斯克也升级了。他已经闯过"硅谷"这一关，成为那个时代众人想要成为的人物——互联网行业的百万富翁。但马斯克并不满足于此，他很快就开始思考下一步计划。马斯克野心勃勃，立志开一家比 Zip2 更大的公司。于是，他开始寻找那些需要改进、具有挑战性的行业。

马斯克想到了自己在加拿大丰业银行实习的经历。这段经历让他觉得许多银行家富有但愚钝。此时回想起来，这个领域蕴藏了巨大的机会。

在之后的几年里,马斯克一直考虑开办一家网上银行。1995年在顶峰研究院实习时,他公开讨论过这件事。马斯克向科学家们做了精彩的演讲,宣称金融业转型不可避免,人们以后不用去银行办理业务,大部分业务在网上即可办理。但科学家们驳斥了马斯克的观点,他们表示网络安全技术的发展尚需时日,在线支付的安全性才能得到保障。尽管阻力重重,但马斯克仍然觉得金融行业需要进行巨大的升级改造。

马斯克构想的实际计划异常宏大。正如顶峰研究院的研究人员所说,人们当时勉强能接受在网上购书。他们会尝试输入信用卡账号,但是在网上暴露自己的银行账户可谓天方夜谭。不过这在马斯克看来不是问题,他要在网上开办一家提供全面服务的银行机构:这家公司不仅提供储蓄和支票服务,还从事经纪业务和保险业务。

从技术上说,打造这样的金融服务机构是可行的。但是要弄清楚法律监管规定,从零开始建立网上银行,几乎是不可能的。这可不像在地图上标明比萨店的位置,或者张贴二手车信息那么简单。这要打理的是人们的财产,哪怕有丁点儿意外,后果都不堪设想。

马斯克一如既往地大胆,甚至在 Zip2 被卖出去之前,他就开始实施自己的下一步计划了。他和 Zip2 的一些顶尖工程师聊了聊,打探哪些人愿意加入他的下一家公司。马斯克还向他在加拿大丰业银行工作期间的同事征求意见。1999年1月，在Zip2董事会寻找收购方的时候，马斯克开始仔细打磨关于网上银行的创业方案。2月，Zip2宣布被康柏公司收购。3月，马斯克成立了新公司——X.com。

不到10年，马斯克从加拿大背包客摇身一变，成为27岁的千万富翁。拥有2 200万美元资产的马斯克告别三位室友，搬出合租公寓，买下一套面积约为167平方米的公寓，并重新装修了一番。他还买了一辆价值100万美元的迈凯伦F1跑车，以及一架小型飞机。或许是受外祖父的影响，他也想学习开飞机。

这些新玩意儿是不错，但马斯克并没有昏头，明白大部分财富要节省下来支持自己的商业创想。值得一提的是，马斯克把自己从Zip2赚的大部分钱直接投进了X.com。硅谷向来崇尚高风险投资，但即便按照此标准，把大笔财富投到网上银行这种看不到前景的新事物上，也是很令人震惊的。马斯克总共向X.com投资了1 200万美元，纳完税之后，他只给自己留下大约400万美元。"这正是埃隆异于常人之处。"Zip2前高管、X.com联合创始人埃德·何说道，"他个人愿意承担很大的风险。做这种生意，要么大获成功，要么落得流浪街头，一无所有。"

即便用现在的眼光来看，马斯克往X.com投这么一大笔钱也是非同寻常的。在1999年的互联网泡沫时期，所谓成功就是证明自己一次，将几百万资金存放起来，然后寻找别的投资人，

说服他们把钱投到你的下一家公司。马斯克同样要依靠外部投资人，但他个人也承担了很大风险。从这个角度看，马斯克更像早期的硅谷创业者，比如芯片制造商英特尔的创办者，他们都愿意赌上身家性命。

Zip2 是个实用的好想法，而 X.com 则打算掀起一场重大变革。马斯克要和资金充足、机制成熟的银行业对着干，希望超过这个行业中的许多巨头，这可是史上头一回。马斯克对错综复杂的银行业了解得不多，但这并没有困扰他。他认为做金融的银行家们都错了，因为他们做事的方式太慢、太老套。如果让他来干，他可以超过所有人。

马斯克为 X.com 组建了一个全明星团队。公司有 4 名联合创始人，他们都觉得银行业跟不上时代发展。不过，尽管这四人富有远见、充满激情，但他们还是很快碰到了麻烦。事实证明，规避复杂的银行业监管法规，让一个不愿改变的行业步入现代化，难度巨大。

X.com 成立刚刚 5 个月的时候，联合创始人之一哈里斯·弗里克便认为公司需要新的领导者。"哈里斯说，要么让他担任首席执行官，要么他就把公司的人全带走，另开一家自己的公司。"马斯克回忆道，"我讨厌被勒索，于是我就跟他说'那你走吧'，然后他就真的带着员工们离开了。"

马斯克想劝那些重要的工程师留下，但他们还是跟着弗里

克走了。就这样，X.com 变成了空壳公司，只有几个忠心耿耿的员工留了下来。其中一个名叫朱莉·安肯布兰特的员工回忆道："他们走了以后，我和马斯克就坐在他的办公室里商量对策。X.com 要想立足，就要面临法律上的重重阻碍，但马斯克不在乎。他只是看着我说：'看来得再招些人了。'"

马斯克一直在努力为 X.com 融资，也不得不向投资人们坦言，公司几乎一无所有。尽管如此，红杉资本知名投资人迈克·莫里茨还是选择支持 X.com，不为别的，只因他相信马斯克的能力。于是马斯克又一次踏上硅谷的土地，用激情洋溢的演讲描绘网上银行的美好未来以及他造福人类的伟大计划，从而吸引工程师加入 X.com。

时间一周周过去，加入公司的工程师越来越多，X.com 的愿景也逐渐成真。公司拿到了银行营业执照以及其他金融产品的开发许可。同年 11 月，X.com 的小型软件团队打造出了全球最早的网上银行之一。该银行配备了政府批准的保险来为银行账户提供安全保障，还创建了三只投资基金供客户选择。

在马斯克的带领下，X.com 还尝试了一些全新的、疯狂的银行运营模式。顾客只要在这家银行开户，就可以获得价值 20 美元的现金卡；如果向其他人推荐银行服务，又可以获得 10 美元现金卡。X.com 还建立了一个"个人对个人"的支付系统，用户只要在网站上输入对方的电子邮箱账号，就可以向对方转账。这个系统旨在摆脱低效的银行运营模式，创建一种更加便捷高效的银行账户，有了它，人们就不用再花数天时间办理业务，只需轻点鼠标便能成功转账。事实证明，这是一项革命性的创新成果，在 X.com 正式上线之后的头几个月里，就有 20 多万人注册开户。

很快，X.com 就遇到了一个强大的竞争对手。两个聪明的年轻人马克斯·列夫琴和彼得·蒂尔一直在通过他们的初创公司 Confinity 开发自己的支付系统。这两人的办公室就是一间简陋的储物室，而且是从 X.com 租来的。他们想让 PalmPilot 掌上电脑的用户通过设备上的红外端口转账。于是 X.com 和 Confinity 在帕洛阿尔托的那间小办公室就成了互联网金融革命的中心。"那里有一批卖力工作的年轻人。"安肯布兰特说，"办公室里的味道非常难闻，我到现在还记得那股剩比萨味儿、体臭和汗味儿混在一起的味道。"

然而，X.com 和 Confinity 之间的友好关系最终还是破裂了。Confinity 把办公室搬到了街道的另一头，而且开始和 X.com 一样，把全部精力投入了网络支付业务，并将他们的服务命名为 PayPal。两家公司陷入激烈的竞争，竞相推出更强大的功能来吸引用户，因为他们都知道，谁能在更短的时间内扩张到更大的规模，谁才能成为最后的赢家。于是他们一边将数千万美元投入营销，另一边要花数百万美元对付那些利用网络支付服务进行诈骗的黑客。曾任 X.com 工程师、后担任 Yelp 首席执行官的杰里米·斯托普尔曼曾说："当时真的是要把钱以最快的速度送出去。"

终于，在 2000 年 3 月，两家公司共同决定停止这种互相消耗的竞争，通过合并共同开发市场。公司并购之后保留了 X.com 这个名字，马斯克则成了最大的股东。随后不久，X.com 就筹集了 1 亿美元的资金，并骄傲地宣称，公司用户规模已经超过百万。

一直以来，X.com 都在与诈骗分子和技术问题做斗争，而由于公司的计算机系统无法应对用户规模的快速增长，上述问题变得越发严重。公司网站每周都要崩溃一次，大部分工程师都被安排到了新系统的开发当中，从而分散了核心技术人员的精力，给了诈骗分子可乘之机。

按斯托普尔曼的话说："我们当时大笔大笔地亏钱。"X.com 的用户越多，问题就越严重。骗子越来越多，银行和信用卡公司的收费越来越高，其他初创公司引发的竞争也越来越激烈。X.com 缺乏统一的商业模式弥补亏损，也无法从自己管理的资金里获利，扭亏为盈。于是，越来越多的员工开始质疑马斯克的决策。

在此背景下，X.com 遭遇了硅谷历史上最不堪的一次"政变"。一天晚上，几个员工聚到一起，盘算着如何将马斯克赶走。他们决定游说董事会，让他们选择原来 Confinity 的联合创始人彼得·蒂尔来当首席执行官。然而，这帮人没有和马斯克直接交锋，而是选择从背后下手。

2000年1月，马斯克和贾丝廷结婚了，但二人婚后一直没有时间度蜜月，直到那年9月，两人才决定公事、私事一块儿办，先到各处为公司融资，再去澳大利亚的悉尼度蜜月、看奥运会。但就在他们登机当晚，X.com的高管们向公司董事会递交了联名信，敦促董事们将马斯克赶下台。

那些忠于马斯克的员工觉察了一些端倪，但为时已晚。"那天晚上10点半，我去了趟办公室，发现所有人都在那儿。"安肯布兰特说，"我简直不敢相信，疯了似的给马斯克打电话，但他当时在坐飞机。"等飞机落地时，蒂尔已经取代了马斯克的位置。

一听到这个消息，马斯克连忙搭乘下一班飞机返回了帕洛阿尔托。他刚开始还想保住自己的位置，请求董事会重新考虑这一决定，但当他发现公司的形势已经明朗时，他便不再坚持了。他表示："其实我也没那么想当首席执行官，只是觉得，公司必须做成一些重要的事情，如果不在这个位置上，我就不确定这些事还能不能做成。"不过，在和蒂尔沟通讨论之后，马斯克放心多了，他相信蒂尔会采纳他针对公司发展提出的一些建议。

到2001年6月，马斯克在公司的影响力迅速减弱。也是在那时，蒂尔将公司更名为PayPal。马斯克欣然接受了公司顾问一职，并作为PayPal最大的股东继续向公司投资。PayPal前首席财务官鲁洛夫·博塔说："你也许会以为，马斯克在这种处境下会怀恨在心，伺机报复，但他并没有。他选择支持蒂尔，很有君子风范。"

而接下来的几个月则是马斯克未来人生的重大转折点。互联网泡沫带来的好时光很快就要过去，人们都开始想方设法将资产变现。因此，当 eBay 高管就收购事宜接触 PayPal 时，多数人都想选择出售，而且越快越好。

但马斯克力劝董事会回绝当时那一系列收购要约，等待对方提出更高的报价。PayPal 每年的收入大约是 2.4 亿美元，似乎可以挺过这次危机。而马斯克的坚持最终得到了回报，且远远超出了预期。2002 年 7 月，eBay 提出以 15 亿美元的价格收购 PayPal，马斯克和董事会的其他成员选择接受这个报价。就这样，他从交易中获得了约 2.5 亿美元的收益，税后仍有 1.8 亿，这足以让他的那些疯狂的梦想变为现实。

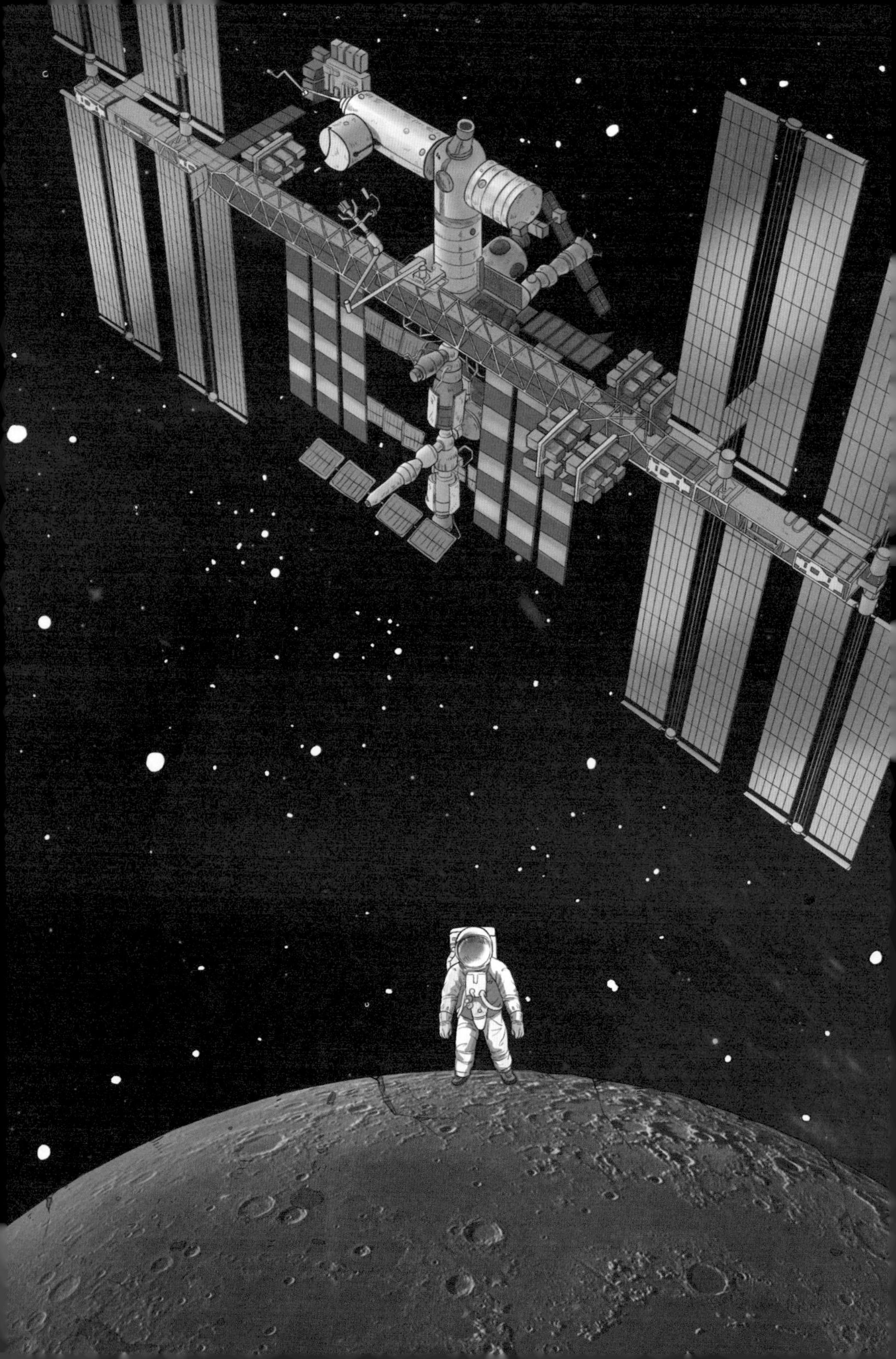

第七章
CHAPTER 7

马斯克放在太空上的心思越多，
就越觉得探索太空意义重大。
他对星际旅行的态度非常认真。
他希望能够激励大众，
重新点燃人们对科学、探索及技术前景的热情。

太空的召唤

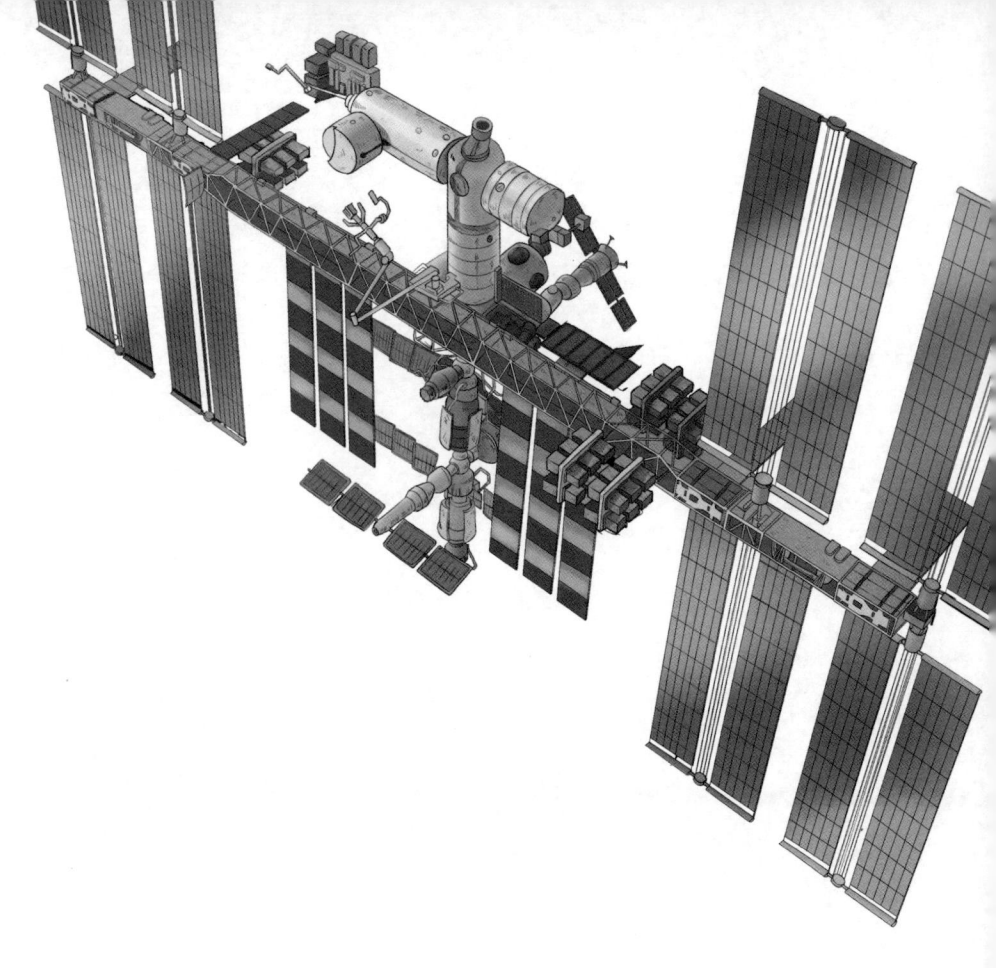

  2001年6月，就在eBay提出收购PayPal前一年多的时候，马斯克迎来了30岁生日。对马斯克而言，这个生日其实是一次沉重的打击。他还半开玩笑地对贾丝廷说："我不再是神童了。"也是在那年6月，X.com正式更名为PayPal，这无情地提醒着马斯克，公司已经被夺走，交给了他人运营。创业生活开始变得乏味，硅谷同样索然无味。

  逃离硅谷的念头变得越来越强烈。虽然马斯克当时依然担任

PayPal的顾问，但他和贾丝廷还是决定搬到南方，去洛杉矶安家，开启生活的新篇章。

"洛杉矶这种城市的风格、色彩和它热烈的城市氛围正是埃隆喜欢的，"贾丝廷说，"他喜欢待在有活力的地方。"另外，马斯克有几位意气相投的朋友早先就搬去了洛杉矶定居。

但吸引他的不只是洛杉矶的繁华，还有太空的召唤。被迫离开PayPal后，马斯克想起了童年时代那些关于宇宙飞船和太空旅行的梦想。他开始觉得，自己命中注定要去完成那些比开发互联网服务更伟大的事业。

马斯克有意选择洛杉矶作为自己的下一站，因为那里可以让他接触太空，或者说，至少能让他接触航天工业。南加州一年四季都是温和宜人的好天气，因此自20世纪20年代洛克希德航空服务公司在好莱坞设立工厂以来，洛杉矶就成了发展航天工业的首选城市。休斯飞机公司的创始人霍华德·休斯、美国空军、NASA（美国国家航空航天局）和波音公司等多家机构与个人也都在洛杉矶及其周边地区开展了大部分的高精尖实验和生产制造活动。

虽然马斯克当时还不知道自己具体要在航天领域做些什么，但他明白，只要待在洛杉矶，他就可以接触很多世界一流的航天领域人才。他们也许还能帮忙完善他的创意，也许还会有很多人才愿意加入他的新公司。

后来，马斯克接触了一个名叫"火星学会"的非营利组织，这也是他和航天圈第一次产生交集。火星学会致力于探索火星，并为人类在火星定居做准备，他们还打算在2001年年中举办一场筹款活动。活动将在某位富有的会员家中举行，向每人收取500美元的餐费，并已向那些经常出席此类活动的人士发了邀请函。

让火星学会主席罗伯特·祖布林感到惊讶的是，一个叫埃隆·马斯克的人回复了邀请函，但没人记得活动邀请过他。"他给我们寄了一张5 000美元的支票。"祖布林说，"这引起了所有人的注意。"祖布林开始调查马斯克的信息，发现他是个有钱人，于是邀请他在晚餐前过来一起喝咖啡。"我想确保他了解我们在做的项目。"祖布林说。

两人见面时，祖布林开始给马斯克介绍学会在北极建立的那个用于模拟火星的恶劣条件的研究中心。除此之外，他还介绍了该学会为"生命迁徙任务"项目开展的实验。该项目旨在把一个关着老鼠的旋转太空舱发射到绕地轨道上。祖布林对马斯克说："这个太空舱会通过旋转提供重力，重力大小约为在地球上的1/3，也就是和火星上的重力一样大，老鼠可以在里面生活、繁殖。"

晚宴正式开始时，祖布林把马斯克请到了贵宾席，马斯克旁边坐的是祖布林、电影导演兼太空迷詹姆斯·卡梅隆，以及

NASA的行星科学家卡罗尔·斯托克。"埃隆长得太年轻了，那时候看着就像个小男孩儿。"斯托克说，"卡梅隆上来就和他聊起了投资下部电影的事儿，而祖布林也想让他为火星学会捐一大笔钱。"

但与此同时，马斯克则在四处探索着想法与人脉。斯托克的丈夫是NASA的航天工程师，正在设计一种可以在火星寻找水源的滑翔机。马斯克很喜欢这个创意。"他比其他百万富翁更加热情投入。"祖布林说，"他对航天领域了解得不多，却有科学家的思维方式。他想知道那些有关火星的具体计划，还想知道这些计划有什么意义。"于是，马斯克当场加入了火星学会，成为其董事会成员。他捐了10万美元，用于在沙漠里建立研究站。

朋友们也不知该如何评价马斯克当时的心理状态。就算没人提起，他也会说起自己的理想——在有生之年做些有意义的、能够带来深远影响的事。马斯克的目标其实比火星学会的计划更宏大，他想着，与其把那几只老鼠送上地球轨道，不如直接把它们送到火星。

马斯克放在太空上的心思越多，就越觉得探索太空意义重大。在他看来，公众似乎已经失去了对未来的希望与雄心。普通人可能觉得探索太空只是在浪费时间与精力，但马斯克对星际旅行的态度非常认真。他希望能够激励大众，重新点燃人们对科学、

探索及技术前景的热情。

马斯克认为，美国精神与人类的探索欲息息相关，而NASA的使命正是在太空中探索新领域，实现卓越的成就。可如今，就连这个重任在肩的国家机构也不再积极探索火星，这在马斯克眼中是非常可悲的。

于是他开始在酒店会议室里和航天领域的新伙伴召开会议，主要想让参会的人帮他完善那个"送老鼠上火星"的想法，或者拿出一些类似的方案。他想为人类做些大事，做出那种能引起世界关注、让大众重新开始关注火星并思考人类潜能的壮举。于是他辞去了火星学会董事的职务，自己成立了一家机构，名叫"火星生命基金会"。

又有富翁愿意为探索太空花钱，这让行业专家们很是高兴。他们兴奋地讨论着如何把老鼠送上太空，但随着讨论一步步深入，大家逐渐偏离了原来的方向，酝酿出了一个全新的计划——"火星绿洲"。在这个计划中，马斯克需要买一枚火箭，用它向火星发射一座类似于"机器人温室"的设施。当时正有另一批研究人员尝试建立一种能够适应太空环境的植物温室。但马斯克等人想修改他们的温室结构，使其能够短暂地开启，从而采集火星上的土壤，并用火星土壤培育植物，进而为火星带来第一股氧气。这个新方案看起来既宏大又可行，正合马斯克的心意。

马斯克想给温室配上窗户，还希望通过某种方式向地球发送反馈视频，这样人们就能看到植物的整个生长过程。这些研究人员还想把种植工具包分发给全美各地的学生，让他们可以同时种下自己的植物。在此过程中，他们可能会有所发现，比如发现在种植时间相同的情况下，某种长在火星上的植物是地球上同种植物的两倍高。

而航天专家们最担心的还是预算问题。马斯克似乎想为这个计划投入 2 000 万~3 000 万美元，但人人都知道，单是发射火箭就能把这笔钱花光——或许还会超支。一位参会的航天专家表示："在我看来，要想完成这个项目，怎么也得花 2 亿美元。"

马斯克把一部分自愿加入的专家当成了顾问，让他们去研究植物温室的设计。他还计划去一趟俄罗斯，弄清发射一次火箭的确切成本。马斯克打算从俄罗斯买一枚整修过的洲际弹道导弹，把它当作运载火箭。为了寻求帮助，马斯克联系了一个非同寻常的人——吉姆·坎特雷尔。坎特雷尔的经历非同寻常，他曾为美国和其他国家政府工作，在一桩卫星交易失败后，他被俄罗斯政府指控犯有间谍罪，并在 1996 年遭到软禁。"几周之后，美国前副总统戈尔打了几通电话，把事情摆平了。"坎特雷尔说，"我再也不想和俄罗斯人打交道了，最好永远不见。"但马斯克不这么想。

后来，马斯克和坎特雷尔终于见面了，两人很聊得来。马斯克提出了自己的观点："人类要成为能够在多个星球上生存的物种。"他强调，人类必须有一个重要的备用方案，以防地球上出现重大灾难。坎特雷尔则说，如果马斯克是认真的，那他愿意再去一次俄罗斯，帮马斯克买火箭。

2001年10月底，马斯克、坎特雷尔和马斯克大学时的朋友阿德奥·雷西一起乘坐商业航班前往莫斯科。雷西一直怀疑自己这位好朋友是不是发了疯，想和其他朋友一起劝他不要在航天实验上浪费钱。但当雷西发现自己改变不了马斯克的想法时，他便跟着去了俄罗斯，希望能够尽力避免马斯克干傻事。

"阿德奥会把我叫到一边悄悄说：'埃隆这么做真是疯了。他是要做慈善吗？这也太疯狂了。'"坎特雷尔说，"他非常担心，但还是跟着走了一趟。"实际上，去俄罗斯确实是明智之举，因为在这里，富人们可以在公开市场上购买导弹。

马斯克一行还带上了迈克尔·格里芬。格里芬同时拥有航天工程、电子工程、土木工程和应用物理学学位，开发过很多技术产品，办过几家公司，还在研发和建造机器人航天器的JPL（喷气推进实验室）工作过。有人说，这世上没人比格里芬更了解太空运载的情况。2005年，格里芬就任NASA局长。但在成为局长的四年前，他和马斯克一起踏上了前往俄罗斯的旅程。

这趟旅行持续了4个月，其间马斯克一行与俄罗斯人见了

三次面，但都不太顺利。对方总是要先花好长时间吃饭聊天，然后才开始谈正事。即便谈起正事，他们也不怎么把马斯克当回事。"他们好像信不过我们。"坎特雷尔说。他还讲起了一次不愉快的经历：有个设计主管因为觉得他和马斯克不是真心想买导弹，还朝他们吐了口水。

气氛最紧张的一次会面发生在莫斯科市中心附近一栋曾经豪华的大楼里。当时，马斯克准备了2 000万美元，希望用这笔钱买下3枚洲际弹道导弹，把它们改装之后送上太空。但俄罗斯人还是不愿谈正事，于是马斯克直接问他们，买一枚导弹要多少钱，得到的答复是：800万美元一枚。马斯克跟他们还价，开出800万美元两枚的价格。坎特雷尔回忆道："他们就坐在那儿看着他，说了些'小子，不行啊'之类的话，还暗示马斯克拿不出这么多钱。"这时候马斯克已经确定，俄罗斯人要么没把这笔买卖当回事，要么就是想从他这个互联网富豪身上尽量多捞些钱。于是他起身离开了。

这次会面让他们的情绪跌到了谷底。当时已经是2002年2月末，俄罗斯大雪纷飞。一行人走出大楼，上了一辆出租车，径直去了机场，一路上谁也没有说话。来的时候，马斯克满怀憧憬，想着能为全人类做出巨大的贡献，没想到最后却带着对人性的失望离开了。但除了俄罗斯，他没法儿在别的地方买到可能符合预算的火箭。

直到众人登上飞机，这种郁闷的情绪还没有消散。"每次从莫斯科起飞的时候，我都格外开心，会有一种'天啊，终于熬过来了'的感觉。"坎特雷尔说。马斯克坐在前排敲着电脑键盘，格里芬和坎特雷尔不禁好奇他到底在电脑上忙活什么。就在这时，马斯克转过身，把一张刚做好的表格摆到他们眼前，说道："嘿，伙计们，我觉得我们可以自己造火箭。"

格里芬和坎特雷尔当时还没摆脱失望的情绪，根本没把这个想法当回事。多少富翁刚开始觉得自己可以征服太空，结果却败光了身家，这种故事他们已经听得太多。但是马斯克说："我是认真的，你们看这张表。"他把电脑递给格里芬和坎特雷尔，把两人惊呆了。这张表格详细地列出了建造、组装和发射一枚火箭所需材料的成本。

按照马斯克的计算结果，只要建造一枚小型火箭，专用于将小型卫星和研究器材送入太空，他就可以在价格上打败现有的火箭发射公司。表格中还非常详尽地列出了这种火箭应该具备的性能特点，比如重量、速度、需要的燃料种类等。坎特雷尔说："我问他：'埃隆，你从哪儿弄到这张表的？'"

马斯克之前曾花费数月研究了航天工业及其背后的物理原理。他从坎特雷尔等人那里借来了《火箭推进原理》与《天体动力学基础》两本书，还有其他几本更重要的教材，又拿出了童年时代的劲头，不知疲倦地吸收知识，最终发现，造火箭的成本可能也应该比俄罗斯人开的价格低很多。所以他放弃了原本的太空老鼠计划，也不再想拍摄植物在火星上的生长（没准儿是死亡）过程了，而是想通过降低太空探索的成本，重燃人类对探索太空的兴趣。

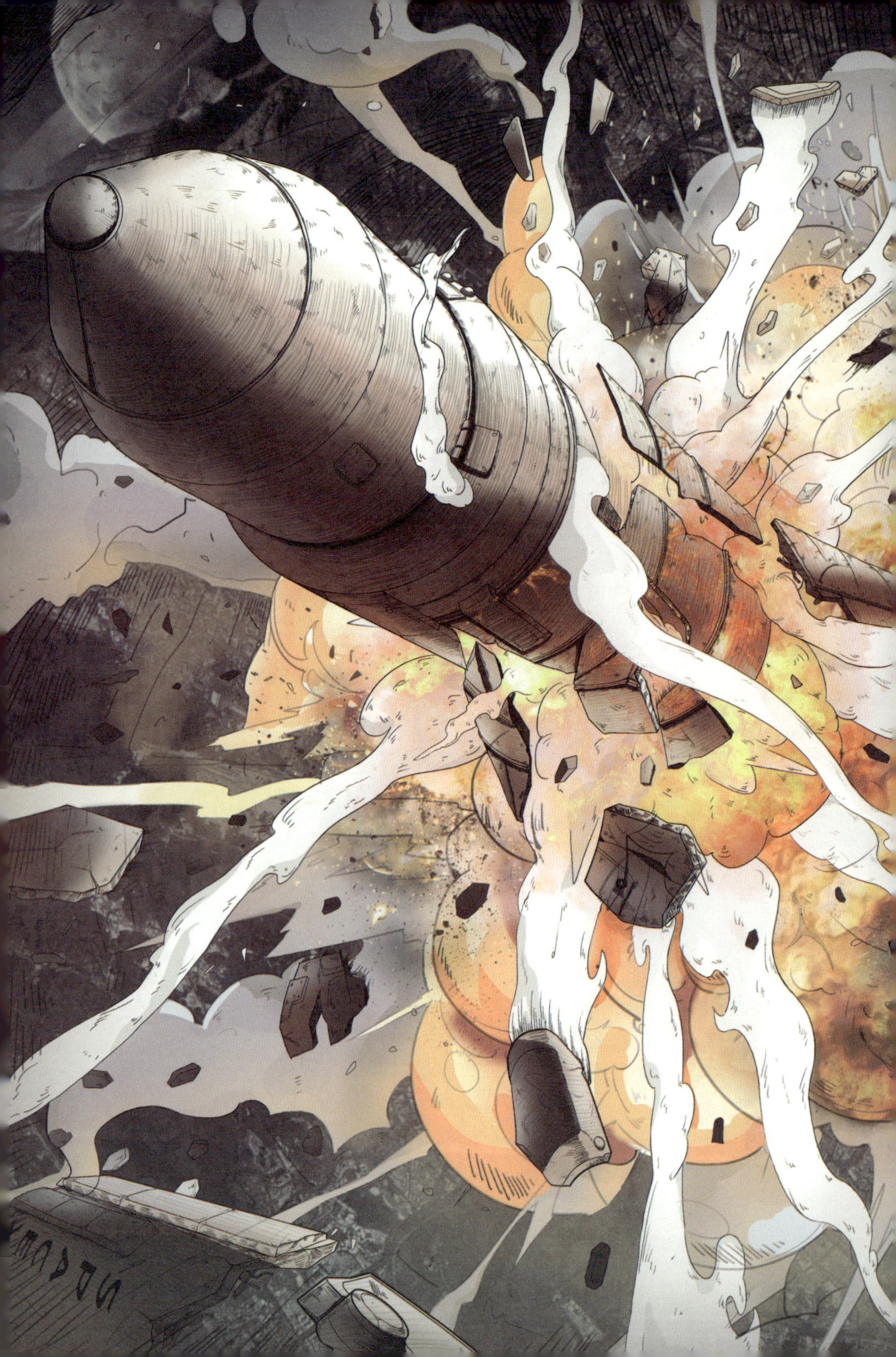

第八章
CHAPTER 8

SpaceX 的诞生代表了美国在火箭制造领域的一次重新尝试。尽管 SpaceX 在飞速消耗马斯克从互联网公司积攒的财富,但他仍公开表示,要把制造火箭这件事坚持到最后。

SpaceX 勉强起飞

2002年2月,马斯克坐在从莫斯科回家的飞机上盘算着他的太空计划。他大概也想到了那些投入上千万美元打造商用火箭的富翁,他们的计划都以惨败告终。但马斯克还是觉得,自己能在这个让许多人遭遇滑铁卢的领域获得成功,因为他至少还有汤姆·穆勒。

穆勒从小就喜欢摆弄火箭。一开始,他只是把邮购火箭套装里面的零件组装在一起,不过很快他就开始自己设计和制造火箭了。大学毕业后,穆勒在TRW等大型航空公司工作,负责研发卫星、推进器及发动机。与此同时，他还继续保有制造火箭的爱好。

2002年1月，穆勒到朋友的工作室闲逛，在那儿摆弄着一台80磅①的发动机，刚好赶上马斯克到那里参观——坎特雷尔曾推荐他去那间工作室看看，了解一下穆勒的设计。穆勒正把这台80磅的发动机架在肩膀上，试图用螺栓将它固定在一个支撑结构上，这时，马斯克开始了他的提问。"他问我这东西的推力有多大，"穆勒说，"还想知道我有没有接触过更大的设备。我告诉他，有的，我在TRW公司参与制造过一台65万磅推力的发动机，而且对机器的各个部分都非常了解。"穆勒放下发动机，努力回答着马斯克的问题。"那么大的机器要花多少钱？"马斯克接着问道。穆勒回答说，TRW公司当时花了大约1 200万美元。结果马斯克却追问："那如果让你来做，你要花多少钱？"

那天，两人聊了好几个小时。第二周周末，穆勒又邀请马斯克去他家里继续讨论。马斯克那时就知道，自己找到了制造火箭的真行家。那天谈完以后，马斯克就把穆勒介绍给了航天专家团队里的其他成员，他们都给穆勒留下了深刻的印象。

马斯克那张关于火箭制造成本的表格就是在穆勒的协助下完成的。与波音公司、洛克希德·马丁公司和俄罗斯等国的一些巨

---

① 1磅约为0.45千克。——编辑注

型火箭不同,这种火箭不会用于运载那种卡车大小的卫星。它的设计理念落在寻找新客户上——只要能大幅降低每次发射的费用,也许就能找到想在太空开展研究与实验的团体或公司,而火箭本身也无须承担太重的负荷。没错,马斯克想开发出航天新时代的主力机。

当然,这一切在当时还只是空谈,但令人意想不到的是,实现梦想的机会忽然就来了。2002年2月,PayPal上市了,其股价暴涨55%,而马斯克知道eBay想收购PayPal。在马斯克盘算制造火箭的同时,他的净资产从数千万美元膨胀到数亿。刚开始,他打算利用宣传噱头吸引大众,但到2002年4月,他彻底放弃了这个想法,决定打造一家真正的航天公司。他找来坎特雷尔、格里芬、穆勒,以及波音公司的航空航天工程师克里斯·汤普森,告诉他们:"我要把这家公司办起来。如果你们愿意加入,我们就一起努力吧。"

2002年6月,SpaceX在简陋的环境中正式成立了。马斯克在洛杉矶郊外聚集着大量航天公司的埃尔塞贡多买了一座旧仓库,这就是SpaceX的办公地。公司成立第一周,运货卡车送来一车车的戴尔笔记本电脑和打印机,还有一堆折叠桌,也就是公司的第一批办公桌。车停好后,马斯克走向一个装卸区,打开卷帘门,亲自将这些设备从货车上搬了下来。

没过多久,马斯克就把墙壁粉刷成了白色,公司办公室焕然

一新。办公桌分散地摆放在工厂里，这样一来，负责机器设计的藤校（全称为常春藤盟校）计算机科学家和工程师就能与制造硬件的焊接工和机械工坐在一起了。这就是SpaceX与传统航天公司最大的区别，后者倾向于把不同的工程师团队分开，机械工和他们不在同一区域。

最早加入的十几个员工在入职时得知，SpaceX要自主制造火箭发动机，然后与供应商合作，获取制造火箭所需的其他部件。公司将制造出性能更出色、价格更低廉的发动机，同时改进装配流程，以更快的速度、更低的成本造出火箭，从而获得竞争优势。另外，公司会在未来制造一种可以在不同地点发射火箭的移动式运载火箭，它能将火箭从水平位置调整到垂直位置，并将其送入太空，让整个发射流程变得简单高效。SpaceX希望能够充分完善这一流程，这样才能在一个月内完成多次发射，并从每次发射中获利。

SpaceX的诞生代表了美国在火箭制造领域的一次重新尝试。在马斯克看来，过去50年里，航天工业没有取得实质性进展。航天公司之间几乎不存在竞争，它们喜欢制造非常昂贵的产品，追求最好的性能，即使有时候成本更低、性能没那么强大的产品也可以很好地完成任务。

后来，马斯克宣布将SpaceX的第一枚火箭命名为"猎鹰1号"，这是为了向电影《星球大战》中的"千年隼号"飞船致敬。

当时，将550磅的货物运到太空至少需要花费3 000万美元，但马斯克承诺，"猎鹰1号"可以运载1 400磅的货物，而且只需要690万美元。

在洛杉矶的一座仓库里，SpaceX白手起家，打造出了"猎鹰1号"火箭。SpaceX供图

后来，航天爱好者们也开始对SpaceX有所了解，并为有人要用更便宜、更快捷的方式探索太空而感到兴奋。军方某些成员一直希望让军队具备更强的太空作战能力，即所谓的"反应空间"。如果冲突爆发，军方需要依靠专用卫星迅速做出反应。这意味着原来那种花10年才制造并部署一颗专用卫星的模式不能再用了，取而代之的应是价格更低、体积更小且仅通过软件就能进行调整的卫星，还得能像一次性卫星一样在短时间内发射。

和军方成员一样，科学家也希望火箭发射的周期能变得更短，成本能更加低廉，他们还希望未来可以定期把实验设备送上去，再把数据传下来。还有其他行业的一些公司也想在太空开展研究，测试一下失重状态会对自己产品的性能产生怎样的影响。

不过，虽然研发价格低廉的运载火箭听着不错，但对没有国家支持的个人来说，要制造出一枚真正能用的火箭，可能性实在太低。把货物送上太空的火箭大多是改装过的导弹，只有经过数十年的试错才能研制成功，这个过程需要政府提供上百亿美元的资助。只有通过一次接一次的爆炸才能学会制造火箭的技术，而SpaceX承担不起这么高昂的试错成本。就算是乐观估计，在造出真正能用的"猎鹰1号"之前，他们也顶多有三四次试错机会。"人人都觉得我们疯了。"穆勒说，"在TRW公司时，我手下有一大群人，还有政府的资助。但如今我们只有一个小团队，却要从零开始制造低成本火箭。人人都觉得这事儿成不了。"

然而，这种创业风险反而吸引着马斯克。2002年7月，他把从PayPal赚来的1亿多美元投入SpaceX。有了这么一大笔前期投资，Zip2和PayPal的历史便不会在SpaceX重演，再也没人能抢走马斯克对公司的控制权。

可是，一场突如其来的意外让这一切都变得无关紧要了。马斯克与贾丝廷在婚后生下了一个儿子，取名为内华达·亚历山大·马斯克。但就在eBay宣布收购PayPal的时候，这个只有10

周大的孩子不幸夭折了。那天,马斯克夫妇按照家长课教的那样,把孩子裹起来,让他平躺在床上小睡一会儿。结果等他们再去看的时候,孩子已经停止了呼吸。

内华达的早夭给马斯克带来了巨大的打击,但他非常坚忍,不愿对别人倾诉悲伤的情绪。他曾表示:"这件事说起来太难受了,我觉得跟别人讲起这种伤心事也没什么意义,不会让以后的日子变得好过。如果还有别的孩子要照顾,有别的责任要承担,自己又摆脱不了悲伤,那对身边的人都不好。这种时候,我也不知道该怎么办了。"

为了用别的事情转移注意力,马斯克一头扎进了SpaceX的工作中,并迅速扩大了公司的目标。与航空航天供应商沟通后,马斯克感到很失望,好像所有供应商都想收一大笔钱,但是工作进度很慢。于是他决定,不再组装他们提供的部件,而是尽可能地由自己的公司制造部件。

于是,他为SpaceX组建了一个全明星高管团队,穆勒也是其中一员。团队建好后,穆勒立刻开始了发动机的建设工作,他参与建造的两款发动机以两种猎鹰的名字命名,分别叫"灰背隼"和"红隼"。马斯克还请来航天领域的资深人士格温·肖特韦尔,她早先是SpaceX的第一位销售员。肖特韦尔在随后几年里晋升为总裁,成了马斯克的左膀右臂。

初期加入公司的还有玛丽·贝丝·布朗,大家都管她叫

汤姆·穆勒（最右边身着灰色T恤者）
负责为SpaceX设计、测试及制造火箭发动机。SpaceX供图

"MB"。她后来成了马斯克忠诚的助理，两人就像电影《钢铁侠》里的主人公托尼·斯塔克与助理"小辣椒"佩珀·波茨一样。哪怕马斯克一天工作20个小时，布朗也会和他并肩战斗。多年来，布朗一直负责给马斯克送餐、安排商务会议并安排他和孩子相处的时间，而且要为他挑选服装，帮他和媒体打交道，必要时还得把他从会议室里拽出来，以免耽误行程。就这样，布朗成了马斯克与其所有公司之间唯一的桥梁。

然而，布朗最大的天分是能读懂马斯克的心情。不管是在SpaceX还是在特斯拉，布朗都把她的办公桌安置在马斯克前面几英尺远的地方，这样人们去找马斯克之前，必须先经过她的工位。要是有人申请采购价格不菲的装备,他们会先在布朗面前停一会儿,看看布朗的意思。如果她点头,那他们就可以进去;如果她摇头,那说明马斯克当天情绪不好,他们就不必去找麻烦了。

SpaceX 的普通工程师基本上都是在学校成绩拔尖的年轻小伙子。马斯克会亲自联系顶尖大学的航天学院,问问哪些学生成绩最好。他还经常直接把电话打到宿舍,对这些高才生进行电话面试。

斯坦福大学的迈克尔·科隆诺就接到过马斯克的电话。"当时我还以为是恶作剧,根本不相信他有什么火箭公司。"但只要学生们上网搜索一下马斯克的名字,说服他们加入 SpaceX 就容易多了。多年来,甚至可以说几十年来,想要探索太空的年轻航天专家终于等来了一家可以为之工作的好公司。在这里,他们也许可以设计火箭,甚至可能成为一名航天员。SpaceX 的野心在业内流传开来,波音公司、洛克希德·马丁公司和轨道科学公司的顶级工程师也纷纷转投这家创业公司。

在 SpaceX 工程师的劝说下,马斯克在靠近得克萨斯州中心位置的小城麦格雷戈买了一块 300 英亩[①]的测试场地。多年前,美国海军在这里测试过火箭,此后,银行业亿万富豪安德鲁·比尔的航空航天公司也在这里做过试验,但这家公司后来倒闭了。

---

① 1 英亩约为 4 046.86 平方米。——编者注

他们都给 SpaceX 留下不少非常有用的基础设施。

在年轻的工程师团队中，有一个名叫杰里米·霍尔曼的成员。他后来搬到了得克萨斯州，按照 SpaceX 的需求对测试场地进行改造。霍尔曼正是马斯克要找的人才：他拥有航空航天工程的学士学位，还有航天工程学的硕士学位；他在波音公司做过几年测试工程师，跟喷气飞机、火箭和航天器都打过交道。

SpaceX 在得州麦格雷戈的测试场地测试新的发动机与飞行器。图为公司在测试一枚代号为"蚱蜢"的可重复使用火箭，该火箭能自动降落。SpaceX 供图

在霍尔曼看来，波音公司的项目无一不是规模大、成本高且执行过程冗长烦琐的。所以当马斯克提出要颠覆行业的时候，霍尔曼毫不犹豫地选择了加入。"我当时想，绝不能错过这个机会。"他说。当时的霍尔曼只有 23 岁，还是个年轻单身汉，却愿

意放弃全部社交生活，全身心投入 SpaceX 的工作。就这样，他成了穆勒的副手。

为制造发动机"灰背隼"和"红隼"，穆勒在计算机上设计了一对三维模型。"灰背隼"是"猎鹰 1 号"的第一级发动机，为火箭提供起飞动力；"红隼"体积较小，为上方的第二级箭体提供动力，并引导其在太空卸下卫星或科研设备和空间站补给等有效载荷。穆勒和霍尔曼两人一起确定了可以在工厂自行制造的发动机部件和需要采购的部件。在这个过程中，霍尔曼逐渐发现，有了创造力，他就能够取得更大的进展。比如，某些现成的汽车清洗阀只要更换一下密封件，就能用在火箭上，不用再花钱去买那些更昂贵的专用阀门。

等 SpaceX 的加州工厂制造出第一台发动机后，霍尔曼把它和其他许多设备装进一辆拖车，然后载着这 4 000 磅的设备从洛杉矶开到了得克萨斯的测试场地。在波音前工程师蒂姆·布扎和穆勒的带领下，一群人顶着酷暑，冒着被响尾蛇和火蚁咬伤的危险，开始检测发动机的每一个细节。

从那以后，从加州到测试场地的这段长途跋涉就有了新名字——"得州牛车之旅"。SpaceX 的工程师要连续工作 10 天，才能回加州过一个周末，然后又赶回测试场地。为了缓解众人长途颠簸之苦，马斯克有时会让他们搭乘自己的私人飞机。"飞机上只能坐 6 个人，"穆勒说，"要是有人愿意坐在马桶上，那就能坐 7 个，实际上基本每次都是坐 7 个人。"

虽然当地居民几乎没对发动机测试产生的噪声发过牢骚，但附近农场里的牲畜好像过得并不舒坦。"奶牛被触发了天然的防御机制，聚在一起跑圈。"霍尔曼说，"每次点燃发动机的时候，牛群就会先迅速跑开，再聚成一圈，把牛犊围在中间。我们还专门安装了一个摄像头观察牛群的行为。"

测试过程中，"灰背隼"和"红隼"都遭遇了挑战，于是他们轮换使用两台发动机。"我们先运行'灰背隼'，等硬件不够或出问题的时候再运行'红隼'。"穆勒说，"这样就能一直有事做。"几个月里，SpaceX 的工程师每天早上 8 点到达测试场地，在那里工作 12 个小时，然后去澳拜客牛排馆吃晚饭。穆勒会查看测试数据，从里面找出问题，然后向加州总部致电，提出改进硬件的方案。接着，工程师会去更换部件，把它们送到得克萨斯。得州的工作人员也经常用穆勒带过去的仪器自行调整部件。

经过这种锻炼，得州某些员工的技术变得非常精湛，甚至能在三天内打造一台可以进行测试的发动机。"这个过程简直令人上瘾。"霍尔曼说，"我们只有二十四五岁，公司却那么信任我们，这种信任让人充满干劲。"

要想顺利升空，"灰背隼"发动机就需要燃烧 180 秒。刚到得克萨斯时，工程师觉得这简直是不可能完成的任务。后来，这台发动机确实能点着了，但只维持半秒就会熄火。有时"灰背隼"在测试时震动得太厉害；有时它对新材料反应不佳；有时它会整个失灵，工程师们需要对它的主要部件进行升级。

马斯克不能容忍员工找借口，也不能容忍他们提不出明确的问题解决方案。很多工程师都曾在面对马斯克的诘问后意识到这一点，霍尔曼就是其中之一。"我和埃隆的第一次通话是我接过的最糟糕的电话。"霍尔曼说，"当时有个东西出故障了，埃隆问我要多长时间才能恢复正常，我没能立刻给出答案。于是他说：'你必须心里有数。这对公司来说很重要，一切都靠这个。你怎么能不知道呢？'他不停地用这个尖锐、直白的问题追问我。我之前以为，最重要的是让他尽快知道发生了什么，后来才意识到，把控全局更重要。"

即便发动机的问题解决起来困难重重，SpaceX也还是在2003年成功地招徕了第一批客户。当时公司宣布，"将于2004年年初"在加州范登堡空军基地发射首枚火箭，为美国国防部运载一颗卫星。随着目标日期逐渐临近，一天12个小时、每周6天的工作模式成为常态，甚至在很长一段时间里，很多人的实际工作时间比这还长。

大家很少有休息时间，如果真要休息，那就是周日晚上8点左右，在SpaceX的埃尔塞贡多总部，马斯克会让大家用办公电脑玩《雷神之锤III竞技场》和《反恐精英》之类的第一人称射击游戏。有近20个人武装起来参加游戏，整个办公室都能听到装子弹的声音。赢家通常都是马斯克。"他就蹲在那里用火箭弹和等离子枪打我们。"科隆诺说,"更可怕的是,他真的很擅长这些游戏,而且反应快得出奇。他掌握了所有的游戏技巧,也懂得怎么搞偷袭。"

每周一次的游戏成为深受欢迎的解压方式,因为员工们面临的压力越来越大,甚至在发射第一枚火箭之前,SpaceX 就公布了下一步计划:开始建造第二枚火箭,体积比第一枚更大。除了"猎鹰 1 号",他们还要建造"猎鹰 5 号"。顾名思义,这枚火箭将配备 5 台发动机,更是可以负担重达 9 200 磅的载荷进入近地轨道。"猎鹰 5 号"还可为国际空间站运送补给,这可以让 SpaceX 拿到 NASA 的大额合同。此外,这枚火箭的安全性和可靠性是前所未有的,即便 5 台发动机中有 3 台出现故障,火箭也依然能完成任务。

为了赶工期,SpaceX 和马斯克开始招募最优秀的人才。随着新员工的不断加入,SpaceX 的工作区域也逐步扩大,又占了埃尔塞贡多园区的几幢大楼。

由于工程师们用的软件非常复杂,处理的文件也很大,所以办公室的网速必须足够快才行。可是 SpaceX 附近有几家公司反对将 SpaceX 的所有大楼接入光纤网络。SpaceX 的信息部门主管布兰登·斯派克斯没有花时间和其他公司交涉,这位从 Zip2 到 PayPal 一直跟随马斯克的老员工想出了一个更快、更狡猾的解决方案。

斯派克斯在电话公司的朋友给他画了一张图，告诉他怎样在挤满电线、电缆和电话线的电话线杆上安全塞进一根网络电缆。于是，一天凌晨2点，一支并未登记在册的工作小队带着一台升降机出现了，他们把光纤接到了电话线杆上，然后把网线直接接进SpaceX的办公大楼。"正常情况下要几个月才能拿到许可，而我们一个周末就办完了。"斯派克斯说，"我们总会遇到一些看似无法克服的困难，这时候就必须团结一致，奋战到底。"

"2004年年初"很快过去了，SpaceX原定在当时发射的第一枚火箭并未如期升空。穆勒带领团队打造的"灰背隼"大概是有史以来效率最高的火箭发动机之一，只是它通过测试、准备就绪的时间比马斯克预计的长了些。不过，到2004年秋，几台发动机已经能够稳定燃烧，满足了发射的所有要求。

这意味着穆勒团队终于可以松口气，而SpaceX的其他成员则要忙起来了。过去，在马斯克的严密监督下，穆勒一直扮演着公司"关键程序"的角色，在他的把控下，公司并未开展下一步计划。"发动机就绪了，就到了大家恐慌的时候。"穆勒说，"除了我，没有人知道'关键程序'有多难。"

发动机实现正常运转后，火箭的其他部分也要接受完善和组装。2005年5月，SpaceX成功地将所有部件整合，然后把这枚功能完备的火箭向北运了180英里，在范登堡空军基地进行点火测试。在发射台上，火箭持续燃烧了 5 秒。

接下来的发射工作按理说应该顺风顺水。范登堡空军基地靠近洛杉矶，有几个发射台可供选择。这时，SpaceX 却遭到了排挤。洛克希德·马丁和波音两家公司始终致力于从范登堡空军基地为美国军方发射价值数十亿美元的侦察卫星，SpaceX 的出现让它们感受到了威胁。一方面是因为 SpaceX 威胁到了它们的公司业务，另一方面是因为这家不按常理出牌的创业公司总在它们那些价格不菲的设备旁边转悠。因此，当 SpaceX 从测试阶段进入发射阶段时，它却得知还要过几个月才能使用发射台。"尽管从理论上讲，我们现在可以发射了，但实际上我们显然不具备发射条件。"格温·肖特韦尔说。

格温·肖特韦尔是马斯克在 SpaceX 的得力助手，负责监督公司的日常运营，包括在指挥中心监测发射情况。SpaceX 供图

于是，肖特韦尔和航天工程师汉斯·科尼格斯曼将世界地图投影在墙上，沿着赤道寻找新的发射场地。之所以选择赤道，是因为这里的地球自转速度更快，可以为火箭提供额外的推力，而且这里的发射场地可以更轻松地把卫星发射到赤道轨道上。他们首先注意到的是夸贾林岛，它位于太平洋，是关岛和夏威夷之间的环礁中最大的一座岛屿，也是马绍尔群岛共和国的一部分。夸贾林环礁大约由100座岛屿组成，多数岛屿长度只有几百码[①]，且形状狭长。肖特韦尔之所以认出了夸贾林岛，是因为有几十年，那里一直是美国陆军的导弹试验场。

肖特韦尔找到了试验场的一位上校的联系方式，给他发了一封电子邮件。三周后，美国陆军给她回了电话，表示愿意让SpaceX在这些岛屿上发射火箭。于是在2005年6月，SpaceX的工程师把设备装进集装箱，准备运往夸贾林岛。

SpaceX的员工们有的搭乘马斯克的私人飞机前往夸贾林岛，还有的搭乘途经夏威夷的商务航班。刚开始，他们住在当地酒店的两居室套间里，不过比起酒店房间，它们看上去更像是宿舍。工程师需要的材料通常要从夏威夷或美国本土海运过来，有时也要用到马斯克的飞机。员工们每天都要整理好装备，乘坐45分钟的船去欧姆雷克岛。这座岛面积只有7英亩，棕榈遍地，植被

---

① 1码约为0.91米。——编者注

茂盛。这里就是他们今后的发射台所在地。

在几个月里，一小队人清理了树丛，用混凝土浇筑发射台的地基，把一辆宽大的拖车改成办公室。这些工作本就很辛苦，更别提当时的天气潮湿得让人透不过气，太阳大得都能透过T恤把人晒伤。后来，有些员工宁愿在欧姆雷克岛上过夜，也不愿意再穿过汹涌的海面返回主岛。"我们找来垫子和折叠床，把一部分办公室就地改成卧室。"霍尔曼说，"然后我们运过来一台非常好的冰箱和一个烤肉架，还安装了淋浴设施，想让这里看着不那么像野营的营地，而是多一些生活气息。"

太阳每天早上7点准时升起，SpaceX的员工也在这时开始工作。大型设备送达后，员工们在一座临时机库里把火箭箭体竖了起来，又花了几个小时把各种部件焊接在一起。"活儿总也干不完。"霍尔曼说，"不是发动机出问题，就是电子设备出问题，要不就是软件有问题。"

为了方便运输火箭，员工们想在机库和发射台之间铺一条长200码的小道。马斯克不同意，于是工程师们只能用古埃及人的办法来移动火箭和带轮子的支撑结构。他们找来很多木板铺在地上，推着火箭在上面走。推一段距离后，再把后面的木板挪到前面来，就这样周而复始地搬运。

到晚上7点，工程师们收工歇息。"每天晚上都会有一两个人主动担任厨师的角色，给大家做牛排、土豆和意大利面。"霍尔曼说,"我们有一堆影碟和一部DVD(数字激光视盘)机,还有些人经常去码头边钓鱼。"对很多工程师来说,这是一段艰苦却奇妙的经历。"岛上的人都非常出色……像明星一样,他们经常会开一些关于无线电或发动机的研讨会。这是个充满活力的地方。"SpaceX的技术专家沃尔特·西姆斯说。

万般无奈下,SpaceX只能在马绍尔群岛的夸贾林环礁上发射第一枚火箭。对工程师们来说,这是一次艰难但收获颇丰的冒险。SpaceX供图

终于,在经历了几次失败后,2006年3月24日,一切准备就绪。"猎鹰1号"矗立在方形的发射台上,点火起飞后直冲云霄,把下面的夸贾林环礁变成了一大片蓝色中的一个小绿点。控制室里的马斯克一边踱步,一边观察着情况。然而,过了25秒左右,情况明显变得不对劲了。"灰背隼"发动机上方喷出一束

火焰，本来稳定垂直上升的火箭突然打起转来，紧接着便失控，栽向地面。最后，"猎鹰1号"直直撞在发射场上，大部分残骸落到了距离发射台250英尺远的珊瑚礁里，搭载的卫星设备砸穿了SpaceX加工车间的房顶，掉在地板上，好在卫星还算完整。一些工程师穿上潜水服，戴上潜水设备，下海去打捞碎片。

马斯克和SpaceX的其他高管都认为，这次坠毁要归咎于一位不知名的技术员。他们表示，这名技术员在发射前一天对火箭进行了某项操作，但是没有把燃料管上的螺母好好拧紧，最终导致螺母破裂。出问题的螺母是一个铝质B型螺母，是连接管道时常用的基础配件。而这名技术员正是霍尔曼。在火箭坠毁后，霍尔曼飞到洛杉矶，与马斯克当面对质。他为"猎鹰1号"项目没日没夜地干了好几年，结果马斯克却当众点名批评他和他带的团队，这让他非常愤怒。霍尔曼确定自己已经把螺母拧好了，而且有来自NASA的观察员在背后检查他的操作。霍尔曼一头怒气地冲进SpaceX总部，布朗把他拦了下来，想让他冷静一下，但霍尔曼硬往里闯，两个人在马斯克的办公室里大吵了起来。

后来，研究人员对残骸进行了分析，结果显示，由于夸贾林环礁的空气中盐分含量很高，这个B型螺母经过几个月的腐蚀，基本已经裂开了。"火箭的一面都结满了盐，必须把盐刮掉才行。"穆勒说，"但是我们三天前进行静态点火试验的时候，一切都很正常。"为了给火箭减去50磅左右的重量，SpaceX用铝质零件取代了不锈钢零件。多年之后，依然有不少高管在为霍尔曼及其团队遭受的不公平对待而痛心。"他们是公司最出色的员工，公司却为了给世界一个交代，让他们承担了莫须有的罪名。"穆勒说道，"这太不厚道了。后来我们才知道，之前点火正常完全是瞎猫碰上死耗子。"

这次事故之后，马斯克打算在6个月内再次发射，但组装新的火箭也是一项大工程。虽然SpaceX在埃尔塞贡多为第二枚火箭准备了一些配件，但那毕竟无法完整组装成一枚能点火起飞的火箭。

最后，公司花了一年时间才准备好下一次发射。有了前车之鉴，工程师们一丝不苟，立誓要比之前更讲纪律、更好地与团队协作。2007年3月21日，"猎鹰1号"又从棕榈林中升起，直冲太空。在前几分钟里，火箭保持着稳定飞行，工程师们不时汇报系统"正常"，即运行情况良好。3分钟后，火箭的第一级箭体分离，落回地面，"红隼"发动机如期点火，把第二级箭体送入轨道，控制室里一片欢呼。接着，到第4分钟整时，火箭头部保护有效载荷的整流罩也如期分离。

"和我们预先设想的一模一样。"穆勒说，"我当时就坐在马斯克身边，对他说'我们成功了'。我们互相拥抱，相信火箭一定会进入轨道。但紧接着，它开始晃动。"在前5分多钟里，大家欣喜若狂，SpaceX的工程师觉得一切都万无一失了，但后来，

箭体晃动得越来越剧烈，它开始失控、解体，最后爆炸了。

这次，工程师们很快找到了故障原因。随着推进燃料不断燃烧，余下的燃料开始在燃料箱中晃动，撞击着箱壁。燃料的晃动使箭体也开始摇摆，当晃动幅度足够大时，发动机就出现了一个开口，从而抽进了一大股空气，导致发动机喷火燃烧。

对 SpaceX 的工程师来说，这次失败又是一次沉重的打击。有些人在加州、夏威夷和夸贾林环礁之间已经来来回回奔波了近两年。到 SpaceX 有能力再次发射时，距离马斯克最初定下的目标已经过去了 4 年左右，而且 SpaceX 一直在飞速消耗马斯克从互联网公司积攒的财富。马斯克公开表示，要把制造火箭这件事坚持到最后，但公司内外的人在经过一番计算后认为，SpaceX 只能再尝试一次，最多两次。公司要想存活，就需要一次成功的发射。

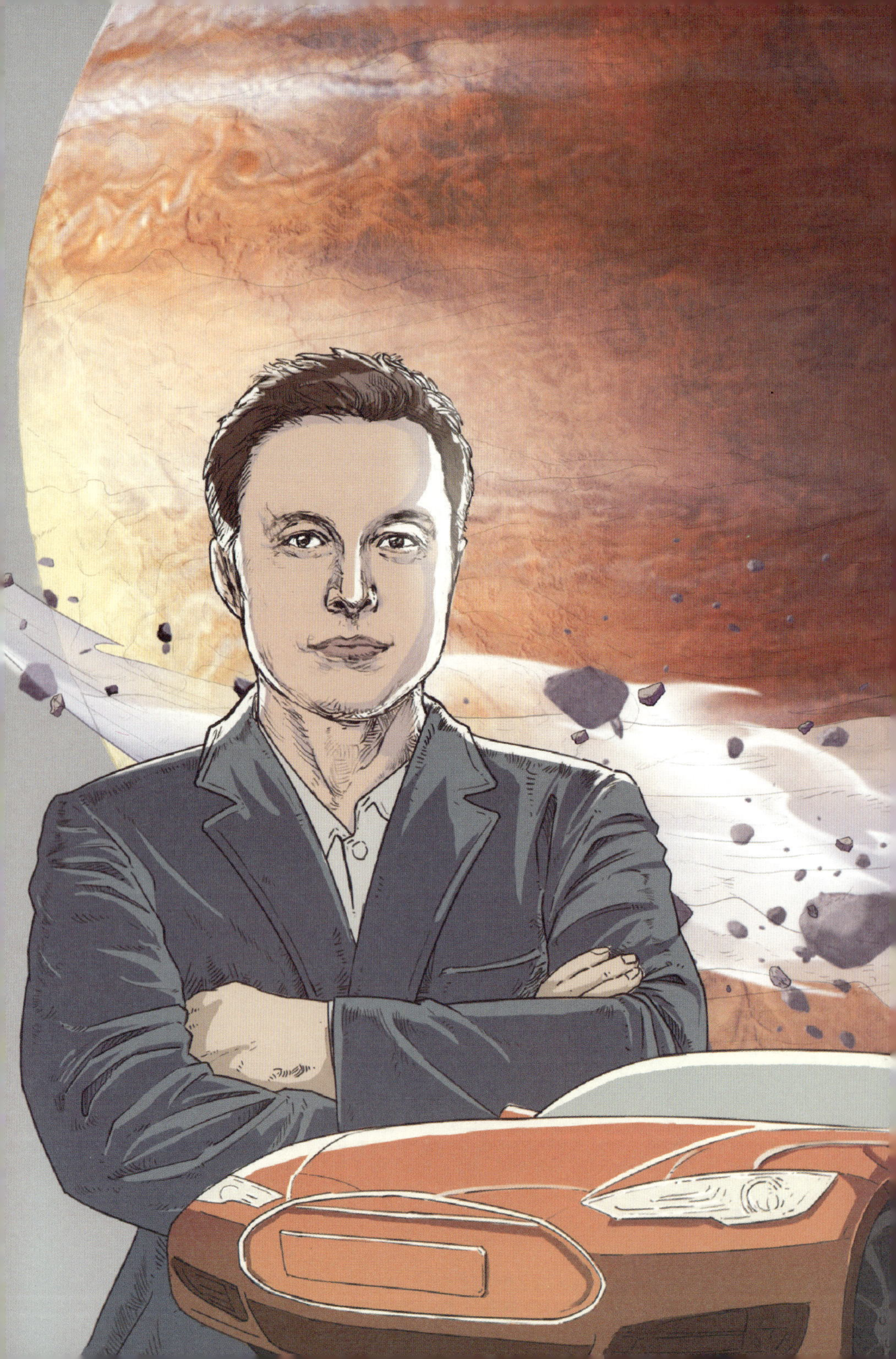

第九章
CHAPTER 9

马斯克懂工程，明白他们要制造什么，
而且他有同样远大的梦想，
想让美国摆脱对石油的依赖。

电动车登场

JB. 施特劳贝尔的左脸中间有一道 2 英寸①长的伤疤,这是他在高中化学实验课上留下的印记。在混合化学试剂时,他弄错了材料,手中的烧杯爆裂开来,玻璃碎片四溅,其中一片划破了他的脸。

施特劳贝尔是一个爱捣鼓东西的人,对他来说,这道伤疤就是一枚荣誉勋章。童年时代的施特劳贝尔一直在与化学试剂和

---

① 1 英寸为 2.54 厘米。——编者注

实验设备打交道,脸上的伤疤就是他在少年时期即将结束时留下的。他出生于威斯康星州,并在自家地下室建了一个带通风橱的大型化学实验室,里面有买来的、借来的甚至偷来的各种化学试剂。13岁那年,施特劳贝尔在垃圾堆里发现一辆旧高尔夫球车,便把车搬回了家,重装了电机,使其运作如常。

施特劳贝尔好像就是喜欢把东西拆开修缮一番,再重新组装起来。这种好奇心引领他一路向西,走进了斯坦福大学。1994年,刚入学的施特劳贝尔打算做个物理学家,但在快速修完了他能参加的最艰深的物理课程后,他认为自己并不适合搞物理研究。那些高级课程太过理论化,而他更喜欢动手实践。于是,施特劳贝尔自己开发了一个专业,起名叫"能源系统与工程"。"我想学有关软件和电力的知识,利用这些知识控制能源。而我的这个专业正是计算机科学和电力电子学的结合,我把我所喜欢的学科都集中到了一起。"他说。

当时还没有出现清洁能源热潮,但确实已经有公司在探索太阳能的新用途,并尝试开发电动车。施特劳贝尔找到了这些创业公司,在他们的车库里转悠,缠着工程师们说这说那。除此之外,他和六七个朋友合租了一栋房子,又像以前一样,自己在车库里折腾起来。这次,他花了1 600美元买了一辆破旧的二手保时捷,把它改装成了电动车。后来,这辆改装车创造了世界纪录,成为全球加速最快的电动车,行驶0.25英里仅用了17.28秒。"我发现电子设备很了不起，只用一丁点儿预算就能达到这种速度，但是电池的性能实在太差了，"施特劳贝尔说，"它的续航里程只能限制在 30 英里以内，我算是亲身体会到了电动车的局限性。"于是，施特劳贝尔把车改成了混合动力驱动，制作了一个可以拖在车体后方的汽油动力装置，用来给电池充电。这么一来，这辆车就足以开到 400 英里外的洛杉矶，并原路返回。

后来，到 2002 年，施特劳贝尔已经搬去了洛杉矶。那时他已经拿到了斯坦福大学的硕士学位，正辗转于几家公司之间，寻找着吸引自己的事业。最终，他决定加入罗森汽车公司，这是全球最早的混合动力汽车生产商之一。公司倒闭后，他又跟着知名工程师哈罗德·罗森共同研发电动飞机。"我有飞行执照，也喜欢飞行，这份工作对我来说再合适不过。"施特劳贝尔说。为了维持生计，施特劳贝尔还会用晚上和周末的时间给一家创业公司做电子学顾问。

就在施特劳贝尔为手上的项目埋头苦干的时候，当年斯坦福太阳能汽车团队的几个老朋友找到了他。多年来，斯坦福这群不安分的工程师一直在研发太阳能汽车。放到今天，这种项目肯定会得到校方的大力支持，但在当时，斯坦福大学想解散这群"离经叛道的怪胎"。然而，这些队员用实际行动证明，他们有足够的能力独立完成太阳能汽车的研发工作，后来甚至还参加了几场太阳能汽车越野大赛。

在上大学期间，施特劳贝尔就参与了太阳能汽车的研发，毕

业后仍然继续着这项工作，并和之后加入的工程师们建立了不错的关系。在拜访施特劳贝尔前不久，这群人刚刚完成一场比赛，穿越2300英里，从芝加哥来到了洛杉矶。施特劳贝尔为这些筋疲力尽的队员提供了休息的地方。6个学生来到施特劳贝尔家洗了个澡——他们参赛多日以来第一次洗澡，然后就横七竖八地躺到了他家地板上。施特劳贝尔和大家一直聊到深夜，最后总是回归同一个话题：他们发现，锂离子电池（如车上装的那种太阳能电池）的性能其实比多数人想的好很多。许多像笔记本电脑这样的消费类电子产品都要靠所谓的18650锂离子电池供电。这种电池看起来就像普通的5号电池，而且可以串联。"我们在想，要是把一万块这样的电池串在一起会怎么样。"施特劳贝尔说，"我们计算之后认为，这样差不多能让车子跑将近1000英里。这真是书呆子们的妄想……大家最后都睡着了，可这个想法一直在我脑海中挥之不去。"

很快，施特劳贝尔就缠上了太阳能汽车团队的这帮人，想说动他们打造一款使用锂离子电池的电动车。这帮斯坦福学生最终决定，如果施特劳贝尔能为团队筹到钱，就同意他加入。于是，施特劳贝尔便开始出入各种贸易展会，向人们分发他的"锂离子电池计划"宣传册，同时给所有能想到的人发电子邮件。"我脸皮很厚。"他说。但问题是，没人对施特劳贝尔推销的东西感兴趣。几个月下来，他在投资人那里吃了一次又一次闭门羹，直到2003年秋，他遇到了马斯克。

施特劳贝尔在家组装特斯拉汽车早期的一种电池包。特斯拉供图

在哈罗德·罗森的介绍下,施特劳贝尔和马斯克在洛杉矶SpaceX总部附近的海鲜餐厅一起吃了午饭,跟他谈起了有关电动飞机的想法。马斯克对飞机不感兴趣,于是施特劳贝尔开始向他介绍自己的副业项目——电动车。这个疯狂的想法立刻吸引了马斯克的兴趣,多年来,他一直想制造电动车,但在这次会面之前,他主要考虑的是超级电容器在汽车上的应用,在听说锂离子电池技术已经取得重大进展时,他既惊讶又兴奋。"其他人都说我疯了,但马斯克认可我的创意。"施特劳贝尔说,"他说:'没问题,我给你钱。'"当时,施特劳贝尔计划筹集10万美元,马斯克为他贡献了1万。由于两人都有改变世界的宏大志向,且除

此之外再无所求，所以他们一见如故，这种惺惺相惜的感情经历了十多年的浮浮沉沉，一直延续了下去。

与马斯克会面后，施特劳贝尔又找到他在ACP（AC Propulsion）工作的朋友。这家公司位于洛杉矶，产品门类相当广泛，从快捷中型客车到跑车无所不有。施特劳贝尔很想给马斯克看看这家公司最高端的产品——tzero电动跑车（"T-minus zero"的简称）。这款组装车的框架由钢材打造，车身则由玻璃纤维制造而成，于1997年首次亮相，只用4.9秒就可以将速度从零增加到60英里/时。

施特劳贝尔和ACP公司的人打过多年交道，于是让公司总裁汤姆·盖奇带一辆tzero来给马斯克试驾。试驾后，马斯克喜欢上了这款产品，觉得它很有潜力，因为它的速度快得惊人，可以一扫传统电动车又慢又笨重的形象，让人心生期待。于是在接下来的几个月里，马斯克一直在努力筹款，试图将这款产品从组装车变为商用车，但屡屡遭到拒绝。"它只是一款概念产品，需要进行落地转化。"施特劳贝尔说，"我喜欢……ACP这帮人，但他们对商业一窍不通，也不愿意接受这个提议。"虽然与ACP的接触没能让马斯克与他们达成任何交易，但在此过程中，他更加坚定地认为，自己要去支持电动车项目，而他的目标项目已经不再局限于施特劳贝尔的那些科学实验了。

可施特劳贝尔不知道的是，几乎在同一时间，北加州的一对商业伙伴也迷上了锂离子电池电动车的研发。1997年，马丁·艾伯哈德和马克·塔彭宁创办了新媒体公司（NuvoMedia），他们创造的"火箭电子书"是最早的电子书阅读器之一。过去给笔记本电脑等便携式设备供电的锂离子电池已得到巨大改良，新媒体公司的创业经历使他们对这种电池有了深入了解。"火箭电子书"由于太过超前，并未在商业上取得巨大成功，但它本身的创新性使得金斯达国际集团在2000年3月斥资1.87亿美元收购了新媒体公司。

交易完成后，分到钱的两位创始人依旧保持着联系。他们都住在伍德赛德，硅谷最富裕的小镇之一。两人时不时会聊起将来的工作计划。"我们有过一些愚蠢的想法，"塔彭宁说，"但并没有真正产生过共鸣。另外，我们想做些更有意义的事情。"

艾伯哈德是一位希望通过善行改变世界的天才工程师。美国反复在中东地区制造冲突并争夺石油的做法让他感到不安。而且，和2000年前后许多有科学头脑的人一样，艾伯哈德开始接受全球变暖的事实，于是着手寻找燃油车的替代品。他也对ACP公司的纯电动车产生了兴趣，并同样敦促ACP实现商业化，而不是只当业余的小店。在遭到拒绝后，艾伯哈德决定自己组建公司，看看用锂离子电池到底能做些什么。

最开始，他先在电子表格上创建了电动车的技术模型。他可以在表格上调整各种组件的数据，从而弄清楚它们对车辆形状与性能的影响。他可以调整车重、电池数量以及轮胎与车身的阻力，从而了解各种设计方案分别需要多少块电池提供动力。通过这些模型，艾伯哈德清楚地意识到，要开发电动车，最好是制造一款车体轻盈的高端跑车。这种车子速度要快，驾驶起来要有乐趣，而且续航能力要远超大多数人的预期。

艾伯哈德和塔彭宁觉得他们可以先打入年产值高达30亿美元的美国豪车市场。他们可以让富人在驾驶豪车的过程中获得乐趣，同时彰显身份。塔彭宁说："加速飞快，又酷又性感，人们会愿意为这种产品买单的。"

2003年7月1日，艾伯哈德和塔彭宁的新公司开张了。艾伯哈德在几个月前就想好了公司的名字——特斯拉。这样命名既是为了向电机先驱尼古拉·特斯拉致敬，也是因为这个名字听起来很酷。两位创始人在加州门洛帕克租了一间办公室，里面只有两个小房间和三张桌子。几个月后，第三张桌子终于迎来了主人，他就是伊恩·赖特，一个在新西兰农场长大的工程师。当三人向朋友解释他们的计划时，大家都以为他们在开玩笑。

在美国，只要有人萌生创建汽车公司的想法，他就会很快得到他人的提醒：上一家在汽车行业大获成功的创业公司，是1925年成立的克莱斯勒。从零开始设计并生产一款汽车要面临很多挑战，但真正让人望而却步的，是大批量生产汽车所需的资金和技术。

特斯拉的创始人知道这些现实问题，但他们还是觉得，既然尼古拉·特斯拉能在一个世纪前制造出电机，那么自己这个想法也是可行的。他们觉得自己有能力造出传动系统，或把有用的部件拼在一起，从而把电机的动力传输给车轮。最难的是，他们得先建造工厂，才能生产汽车和所有部件。

两位创始人想出的办法是，从 ACP 公司购买 tzero 跑车的某些技术，再在车身装上路特斯 Elise 跑车的底盘。路特斯汽车公司是一家英国汽车生产商，这家公司在 1996 年发布了双门 Elise 跑车，紧贴地面的流线型车身设计吸引了富豪买家们的兴趣。在与许多汽车经销商交流后，特斯拉团队决定不经过经销商，直接向消费者出售产品。2004 年 1 月，待这一方案的基本问题讨论妥当后，三人开始寻找投资人。

但是除了两家公司，再没有人对此感兴趣，而且就连这两家也不是很热心。其中一家公司的首席合伙人在新媒体公司赚了很多钱，觉得欠艾伯哈德和塔彭宁一个人情。"他当时说：'你们的想法很蠢，不过在过去 40 年里，我一直在投资汽车创业公司，再多投资一家也没什么。'"塔彭宁回忆道。除此之外，特斯拉还需要一位主要出资人来给他们投资 700 万美元，这样才能生产出原型车来。原型车就是他们的第一座里程碑，有了它，公司就有了实实在在的产品可以对外展示，从而为第二轮融资提供助力。

从一开始，艾伯哈德和塔彭宁就将马斯克视为可能的主要出资人。几年前，他们在斯坦福大学听过马斯克在火星学会大会上所做的报告，那时他阐述了自己要把老鼠送上太空的远大志向。二人当时便觉得马斯克与众不同，相信他会持开放的心态看待电动车。

于是，艾伯哈德和赖特便在某个周五乘飞机到洛杉矶去和马斯克会面。那个周末，马斯克不断地向在外出差的塔彭宁询问有关财务模式的问题。"我只记得自己当时在不停地回答。"塔彭宁说，"后来到了周一，我和艾伯哈德又飞去见了他一面，得到的答复是：'好，我同意投资。'"

创始人们觉得自己真是碰上了完美的投资人。马斯克懂工程，明白他们要制造什么，而且他有同样远大的梦想，想让美国摆脱对石油的依赖。"我们需要的是有信仰的天使投资人，而马斯克并非只把这项投资视为纯粹的金钱交易，"塔彭宁说，"他想改变这个国家的能源结构。"这笔650万美元的投资让马斯克成为特斯拉最大的股东。

在这次见面后不久，马斯克便给施特劳贝尔打了通电话，催他和特斯拉团队见上一面。施特劳贝尔听说特斯拉在门洛帕克的办公室离他家只有大约半英里远，他对创始人们的故事很感兴趣，但同时对其真实性深表怀疑。世界上没有人比施特劳贝尔更了解电动车领域的行情。他很难相信这两三个年轻人的事业已经进展到了如此地步，而自己却没有听到任何风声。但不管怎么样，施特劳贝尔还是去了特斯拉办公室，和他们见了一面，然后在2004年5月直接加入了公司。"我告诉他们，我一直在制造他们想要的那种电池包，而且同样是马斯克提供的资金。"施特劳贝尔说，"我们决定达成合作，于是就成立了这个简陋的团队。"

E-CAR EXPLORATION TECHNOLOGIES
TESLA
ELON REEVE MUSK
KB 7575
SERIES 2006 A
Treasurer of the United States.
THIS NOTE IS LE
FOR ALL DEBTS, PUBLIC
Treasurer of the United States.
2961 J

# 第十章
CHAPTER 10

特斯拉正在完成不可能完成的任务。
它从荒芜中走来，制造出了世界上
速度最快、最漂亮的电动车。

特斯拉风靡硅谷

要是有来自美国传统汽车之都底特律的人看到特斯拉当时的样子，他们恐怕会笑出声来。这家公司总共只有那么几个所谓的"汽车专家"，其中有两个只是汽车爱好者，还有一个虽然做了不少科学展览项目，但这些项目的技术基础在业内人士看来简直荒谬可笑。除此之外，这个团队还不想按照底特律的模式创办汽车公司。相反，他们要像先前硅谷的创业公司一样，招聘一批野心勃勃的年轻工程师，通过实践逐一解决问题。硅谷湾区之前没有人用这种模式制造过汽车之类的东西，而制造复杂的实物产品和编写软件应用程序毫无共同之处。但特斯拉的优势在于，该公司的创始人能够最先意识到，18650锂离子电池的性能已经非常出色，而且会越来越好。希望这项优势加上人们的汗水与智慧，可以让特斯拉走向成功。

施特劳贝尔可以直接接触斯坦福大学那些充满智慧和活力的工程师，也和他们中的很多人聊过特斯拉的故事。听到施特劳贝尔的讲述后，太阳能汽车团队的吉恩·博迪切夫斯基立刻兴奋起来。当时仍在斯坦福大学读本科的他表示，自己愿意辍学，到特斯拉无偿打工，甚至愿意做个扫地工，只为到那里工作。他的这种精神给创始人们留下了深刻的印象，于是一番会议讨论过后，博迪切夫斯基便被录用了。这样一来，博迪切夫斯基只得不安地给他的父母打电话，告诉这两位从俄罗斯移民到美国的核潜艇工程师，他们的孩子要放弃在斯坦福大学的学业，到一家生产电动车的创业公司工作了。作为公司的第七名员工，博迪切夫斯基有时在门洛帕克的办公室上班，有时又要去施特劳贝尔家的客厅工作。他的任务是在电脑上设计汽车传动系统（将电机动力传输到轮胎的一系列部件）的三维模型，并在车库里制作电池包的原型。"现在我才意识到自己当时有多疯狂。"博迪切夫斯基说。

为了容纳特斯拉逐渐壮大的工程师队伍，公司很快就得扩大办公场地。他们还需要建一个车间来打造现在人们所说的Roadster跑车。于是，他们在加州圣卡洛斯找到一座两层的工业楼。这栋1万平方英尺的楼房并不算大，不过用来建一个打造原型车的研发车间已经足够了。

在一个周日的夜晚，博迪切夫斯基把办公室刷成了白色。接下来的一周里，员工们去线下的宜家商城买了办公桌，又在网上订购了戴尔电脑。除此之外，公司还有一个工具箱，装着锤子、钉子和其他基本的木工工具。马斯克偶尔会从洛杉矶过来看看，也没有嫌办公条件简陋，毕竟SpaceX也是在这样的环境中一步步走过来的。

原型车的初始设计方案听起来并不复杂，具体来说，就是把ACP公司tzero跑车的传动系统装进路特斯Elise的车身里。公司已经拿到了电机的设计图，并打算从美国或欧洲的公司购买变速器，其他部件则外包给亚洲公司。特斯拉工程师的大部分精力都要用来开发电池包系统、设计电路以及按需切割和焊接各种金属材料，从而将所有部件组装起来。在团队成员看来，只要有两三位机械工程师和几名装配人员就可以完成Roadster的设计。

为了建造原型车，工程师们买了一台蓝色升降机，把它安装在厂房里。他们还买了一些机床、手持工具以及用于夜间作业的照明灯，把办公楼改造成了研发中心。为了弄清路特斯跑车的基础软件系统是如何把踏板、机械仪器和仪表盘连接在一起的，电气工程师们对该系统进行了研究。但真正的精尖工作还是电池包的设计。这是一项开创性的工作，在此之前，还没有人尝试过把

几位工程师在硅谷一间由仓库改造而成的车间和研发实验室里打造出了首辆特斯拉 Roadster 跑车。特斯拉供图

成百上千块锂离子电池组装到一起。

为此，工程师们开始先努力弄清 70 块电池中的热量分散模式以及电流流动方式。他们用强力胶将 70 块电池合成一块块的"电池砖"，再将 10 块"电池砖"组装在一起，然后对各种类型的气体和液体冷却机制进行测试。成功开发出可用的电池包后，他们又把那款黄色路特斯 Elise 的底盘拉长了 5 英寸，用升降机把电池包安装在汽车后面，也就是普通汽车安放发动机的地方。

从 2004 年 10 月 18 日开始，这个 18 人组成的团队便开始兢兢业业地工作，而短短 3 个多月后，2005 年 1 月 27 日，他们便打造出了一款全新的车型，它甚至不算单纯的摆设，而是真的可以开动。完工那天，特斯拉召开了董事会会议，马斯克开上新车兜了一圈，心满意足地离开了，并决定继续为特斯拉投资。后来，马斯克又投入了900万美元，就这样，在新一轮投资中，特斯拉共筹集了1 300万美元的资金。于是公司决定，要在2006年年初把Roadster跑车推向市场。

几个月后，特斯拉生产出了第二辆电动车。这辆车完工后，工程师们决定开始弥补潜在的重大缺陷。2005年7月4日，大家到艾伯哈德家去庆祝独立日，在聚会上，他们决定借机模拟一下Roadster电池着火的情况。一位工程师把20块电池绑在了一起，找来一根电热丝把它点着了。"它腾空而起，就像是一捆瓶装火箭。"特斯拉第12位员工、机械工程师戴维·莱昂斯说。

马斯克和马丁·艾伯哈德准备试驾Roadster原型车。 特斯拉供图

Roadster 电动跑车的电池可不止 20 块，而是将近 7 000 块，这种爆炸规模光是想想就让人不寒而栗。

于是特斯拉成立了一个六人小组，专门负责解决电池安全问题。公司将这些人从别的岗位抽调过来，并拨出资金供他们开展试验。第一次爆炸试验在特斯拉总部进行，工程师们对爆炸过程进行了慢镜头拍摄。后来，他们又把试验地点转移到了一座变电站后面的爆破区域，那里有专门的消防队负责。通过一次次试爆，工程师了解了很多电池内部的工作原理。他们设计了各种组合电池的方式，以防电池之间互相引爆，也开发出了许多防止电池同时爆炸的技术。在整个过程中，他们试爆了成千上万块电池，但这些努力是值得的。当然，这只是 Roadster 走向市场的初级阶段，不过特斯拉随后研发出的电池技术让公司在未来数年内从竞争对手中脱颖而出，这项技术也成为其巨大优势之一。

特斯拉在两辆原型车的研发上取得了初步成功，再加上他们在电池等技术方面取得了工程突破，这些成果令员工们信心大增。现在，是时候把特斯拉的标识打在汽车上了。"我们最开始打算尽量保留路特斯跑车的风格，只要稍稍做些改动就好，唯一较大的区别就是把我们的 Roadster 改成电力驱动。"塔彭宁说，"然而，包括埃隆在内的董事们始终认为，这个机会只有一次，必须让客户满意，而路特斯跑车显然还不够好。"

马斯克对车身的设计也有很多自己的想法。他想打造一辆妻子贾丝廷喜欢乘坐的车，而且要有一定的实用性。在参加特斯拉董事会会议和设计评审的时候，他明确提出了这些意见。于是，公司又聘请了几名设计师来给 Roadster 跑车设计新外观。在确定了最受欢迎的车型后，公司在 2005 年 1 月出钱按 1∶4 的比例制作了一款模型，又在同年 4 月打造了一款实尺模型。

大约一年后，2006 年 5 月，公司规模发展到了 100 人。队伍壮大后，特斯拉打造了一款黑色版 Roadster，即"工程原型车 1 号"或 EP1。EP1 的问世很好地向现有投资人解释了钱款的用途，同时能够吸引更多人投入更多资金。这款新车给投资人们留下了非常深刻的印象，但也让他们忽略了一个问题：工程师有时需要在两次试驾的间隙为车辆扇风散热。马斯克又为特斯拉投了一笔钱，这次是 1 200 万美元，谷歌创始人拉里·佩奇和谢尔盖·布林等投资人也纷纷慷慨解囊，最终，公司共筹得 4 000 万美元。

2006 年 7 月，特斯拉决定向世界展示自己的成果。工程师们又研发了一辆红色原型车 EP2 作为对先前黑色 EP1 的补充，并在加州圣莫尼卡举办的一次活动上将两款车同时展出。媒体记者涌到车子前面，纷纷表示了对展品的喜爱。这两辆双座改装车外观华丽，而且只需 4 秒便可从起步加速到 60 英里/时。

时任加州州长的阿诺德·施瓦辛格与迪士尼前首席执行官迈克尔·艾斯纳等名人都参加了那场活动，他们中的很多人都试驾了 Roadster 跑车。这两款车当时还有待完善，只有施特劳贝尔和几个值得信赖的人熟悉它的驾驶方式。为了避免车辆过热，每隔 5 分钟就要换另一辆车来开。特斯拉当时表示，每辆车的价格在 9 万美元左右，充一次电可以跑 250 英里。公司还称，已经有 30 人表示会购买 Roadster 跑车，其中包括谷歌联合创始人布林和佩奇等多个科技领域的亿万富翁。马斯克则承诺，在三年内推出一款经济车型，四座四门，价格不到 5 万美元。

圣莫尼卡活动结束的第二个月，著名的加州卵石湾汽车巡展就要举行了，届时，各种风格奇异的跑车都会出场。当时的特斯拉已经成了热门话题，以至于车展组织者也希望能展出一辆 Roadster，而且免收展示费。在展会上，观众成群结队地走向特斯拉设立的展台，当场签下一张又一张 10 万美元的支票预购。

"当时情况完全出乎我们的预料，"塔彭宁说，"但后来，我们开始频频在这种活动中收到数百万美元。"各类投资人、社会名流以及特斯拉员工的朋友都开始想方设法花钱挤进跑车预订名单。

特斯拉的工程师在制造汽车时，很多时候用的都是硅谷那一套做事的态度和方法，而且改进了汽车行业的许多传统。瑞典北部有个专门测试刹车与牵引力的测试跑道，人们就在那里找到了一大片冰原对车辆进行调试。标准流程是让车先跑 3 天左右，测试人员在得到相关数据后回到公司总部，花数周时间开会商量汽车的调整方案。整个调校过程可能会持续一整个冬季。但特斯拉一反传统，让工程师和 Roadster 跑车一起前往测试场，现场分析数据。如果需要做出调整，工程师就会直接在原地重写代码，改完后就把车送回冰场查看修改后的效果。

另一项测试是把 Roadster 开进一间特制的冷却室中，检测其在低温环境下的性能。公司不想在冷却室上花太多钱，于是工程师们决定租一辆装运冰激凌的大卡车，让 Roadster 在卡车后面的大型冷藏拖车里做测试。司机会将 Roadster 开进拖车，然后工程师们就穿着防寒服在汽车里工作。

到 2007 年年中，特斯拉的规模已经扩展到了 260 人，它似乎正在完成不可能完成的任务。它从荒芜中走来，制造出了世界上速度最快、最漂亮的电动车。接下来只剩下一个任务，那就是大批量生产。但正是这个任务，险些把特斯拉公司逼到破产的地步。

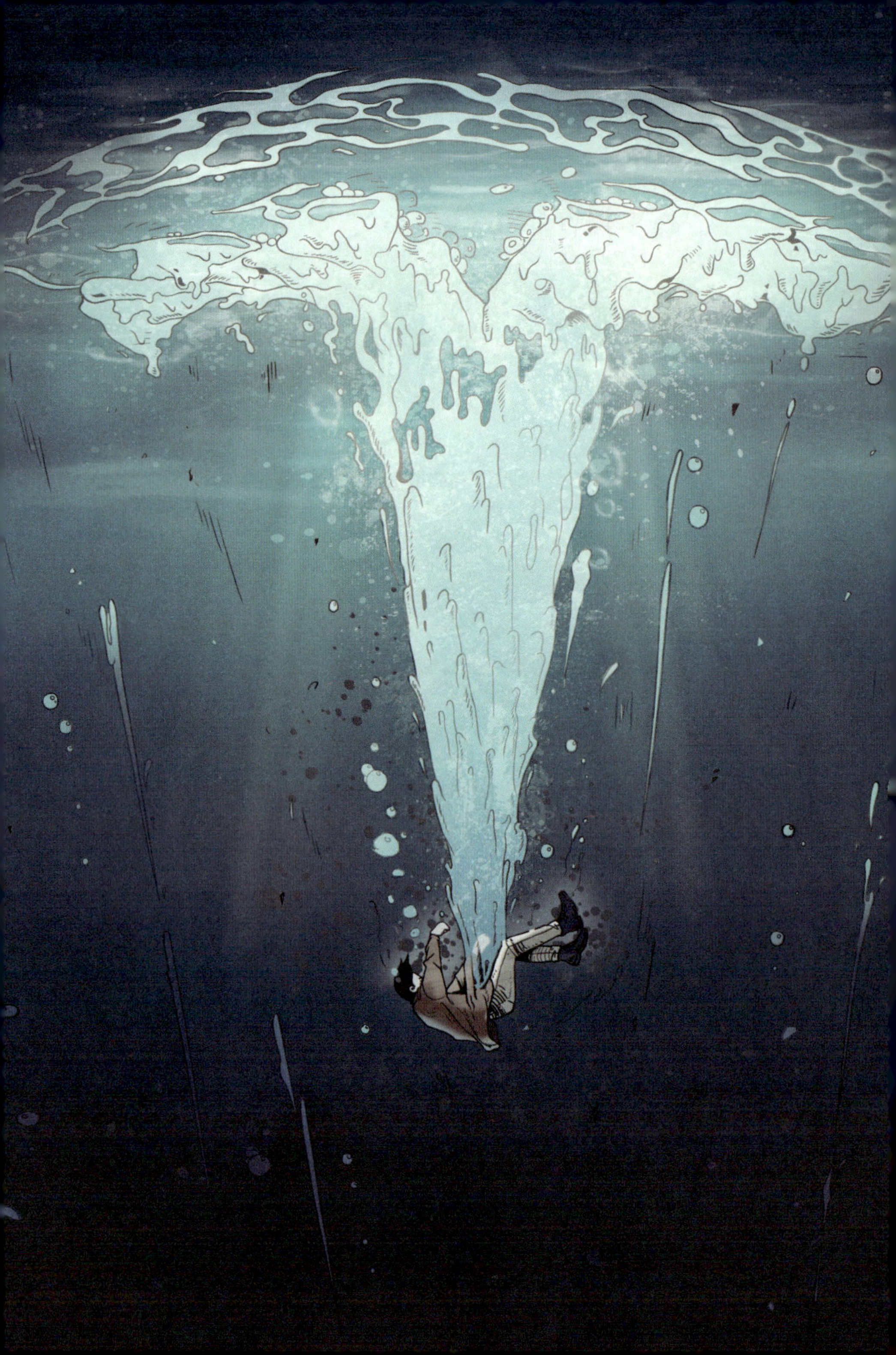

# 第十一章
CHAPTER 11

为了帮助特斯拉摆脱财务困境，
马斯克只能押上全部身家，
把自己逼到了情绪崩溃的边缘。

陷入困境

把 Roadster 跑车真正推向市场并不容易。上市的难度越来越大，马斯克和特斯拉也越走越近。长期以来，马斯克一直影响着公司的设计决策，而作为董事长，他也要监督公司的运营情况。然而，随着时间的推移，马斯克的商业雷达开始发出警报，他逐渐意识到，自己需要花费更多精力对公司进行监管。让这家公司生存下去，成了他商人生涯中最大的考验之一。

在创业初期，特斯拉高管犯下的最大错误就是对 Roadster 跑车的传动系统所做的假设。他们希望汽车的原始速度能够给驾驶者带来快感,因此一直在努力缩短汽车从起步加速到60英里/时所需的时间。

传动系统的制造历史可以追溯到蒸汽机诞生的年代,所以特斯拉的工程师觉得只要订购一款现成的就行了。然而一次又一次的实验证明,他们买来的传动系统无法让车辆顺利完成从一挡换到二挡的大幅跳跃。特斯拉本来打算在2007年11月交付新车,但始终没有解决传动系统的问题,直到2008年1月1日,公司不得不再次从头做起——相当于公司对传动系统的第三次改进。于是马斯克选择卷起袖子亲自上阵,先把这个问题解决。

与此同时,特斯拉在海外市场也遇到了麻烦。公司决定派出最年轻、最有活力的一队工程师前往泰国建造一座电池厂。承建商曾经承诺会为其建造一座最先进的工厂。但特斯拉的工程师们到了现场才发现,所谓工厂只有一块混凝土板,上面立着几根支撑着房顶的柱子,连像样的墙壁都没有。特斯拉的电池和电子元件都非常娇贵,就像"猎鹰1号"的零部件那样,会被高盐度的潮湿空气腐蚀。特斯拉的工程师不得不说服承建商去搭建石膏板墙,给地板刷漆,并建造带温控设施的仓库。他们还得不停地加班培训泰国工人,教他们如何妥善处理电子元件。

电池厂是特斯拉全球供应链中的一环,它的建造不顺,Roadster的制造进程就不得不拖延,生产成本也会进一步提高。特斯拉原本计划在法国生产车身面板,从中国台湾进口电机,再

第十一章
陷入困境

从中国大陆采购电池,并将电池运到泰国组装成电池包。电池包要尽快运到英国,在那里走清关流程。另外,特斯拉打算用路特斯公司生产的车身,装上电池包,最终把组装好的 Roadster 用货船绕过合恩角运到洛杉矶。

"刚开始,我们想去亚洲用很短的时间、很低的成本把车生产出来,然后卖车赚钱。"被派往泰国的工程师之一福里斯特·诺思说,"但后来我们发现,真正复杂的工作其实可以在美国做,这样更节约成本,不容易拖延,也能避免很多问题。"

当听说生产过程出现问题时,马斯克开始对艾伯哈德的管理方式感到非常担忧,于是找了个帮手来解决经营不善的问题。芝加哥投资公司 Valor Equity 也是特斯拉的投资公司之一,该公司专门帮助企业对生产运营方式进行微调。为了保护自己的投资,该公司派出了运营主管蒂姆·沃特金斯,很快,此人便得出了一些可怕的结论。

沃特金斯彻查了公司的情况,花了几周去和员工们交流,同时分析了特斯拉供应链的每个环节,弄清了 Roadster 的生产成本。大约在 2007 年年中,沃特金斯把他的调查结果交给了马斯克。马斯克原本为车定了很高的售价,但他相信,特斯拉会慢慢解决生产流程中存在的问题,同时提高销量,所以随着时间的推移,价格也会大幅下降。"但这时蒂姆跟我说了个天大的噩耗。"马斯克说。每辆 Roadster 跑车的生产成本可能高达 20 万美元,而特斯拉的原定价只有 8.5 万美元左右。

高得出奇的成本、传动系统的问题及供应商低下的效率使特斯拉陷入了困境。更要命的是，当发现公司未按时交货时，很多支付了大笔预付款的客户开始对特斯拉和艾伯哈德产生了不满。

另外，在汽车的一些设计点上，艾伯哈德和马斯克已经争论了好几年，但大多数情况下，两人相处得还算不错。然而，在沃特金斯报出 Roadster 的高昂成本后，两人的关系彻底破裂了。在马斯克看来，正是因为艾伯哈德没有管理好公司，各个部件的成本才会飙升到如此夸张的地步。另外，他觉得艾伯哈德没能让董事会及时了解事态的严重性。在回洛杉矶述职的途中，艾伯哈德接到了马斯克的一通电话。在这次简短而尴尬的通话中，艾伯哈德得知自己的首席执行官做不下去了。

在此之前，艾伯哈德一直要求董事会把他换下来，找其他更有制造经验的人担任首席执行官。但马斯克只打了一通电话就给他降了职，这种方式他接受不了。到 12 月，特斯拉的情况变得更糟糕了，艾伯哈德也在那时彻底离开了公司。

从 2007 年开始，特斯拉的问题越积越多。碳纤维的车身看上去不错，但是喷漆非常麻烦；电池包有时候会出故障，电机也不时短路；车身面板之间的接口缝隙很明显。此外，公司不得不面对这样一个现实：设计方案中的传动系统根本制造不出来。于是，特斯拉的工程师不得不重新设计车子的电机和变频器

（一种能将直流电转化为交流电的设备），还要给车体减重，好让Roadster能用另一套传动系统实现从起步到60英里/时的闪电加速。"我们基本上是要全部推倒重来。"马斯克说，"这太可怕了。"

艾伯哈德被撤职后，特斯拉董事会任命迈克尔·马克斯为临时负责人。马克斯之前经营过一家大型电子元件供应公司，因此在复杂的生产运营方面经验非常丰富。特斯拉的办公地搬到了圣卡洛斯的一座更大的工厂里。有了这座大工厂，特斯拉就可以把电池生产业务从亚洲搬回美国。Roadster的一部分生产工作也转移到了那里，其供应链问题得到了一定的缓解。

马克斯建议把特斯拉卖给一家更大的汽车公司，这是一个非常合理的计划。此时此刻，特斯拉在马克斯眼中简直没有任何希望。这家公司做不出一款像样的产品，亏掉大笔资金简直是板上钉钉的事，而且它一而再、再而三地延迟交货。这时确实应该尽力把公司弄得像样一点儿，好吸引收购者，把公司卖掉。

绝大多数情况下，马克斯的这种果断的行动计划、这种把投资人从大笔亏损中拯救出来的行为一定能得到称颂。但马斯克并没有为找到出价更高的买家而努力优化资产。他的目标是领导这家公司给汽车行业带来变革，迫使人们改变对电动车的看法。"尽管货期延误、预算超支、事事不顺，但埃隆不想把公司整个卖掉，也不想达成什么合作，让自己失去控制权。"施特劳贝尔说。2007年12月3日，马克斯也被撤换，由泽夫·德罗里接替他的首席执行官职位。

虽然顾客对延期交车抱怨连连，但他们似乎和马斯克一样对这款产品充满热情。只有一小部分客户要求退还预付款。

很快，特斯拉员工就见到了SpaceX员工多年来所熟悉的那个马斯克。当Roadster的碳纤维车身面板出现问题时，马斯克会亲自处理。他坐着私人飞机来到英国，为车身面板挑选新的制造工具，再亲自交给法国的工厂，从而确保不延误工期。

马斯克还设计了一套新的、非常严密的成本跟踪系统。"埃隆……公开对员工们说，只要不完工交货，周六日就也必须上班，睡觉也得睡在办公桌底下。"特斯拉的财务总监瑞安·波普尔说，"有人站出来争辩道，大家为了把车生产出来，一直在非常努力地工作。他们需要歇一歇，回去看看家人。而马斯克说：'我要对这样的人讲，等我们破产了，你在家想待多久就待多久。'我当时心想：'天哪，太刻薄了。'但我明白他的用意。我是从军队出来的，了解军队文化，我很清楚，当时大家唯一要做的只有完成目标。"

很快，大家就发现马斯克是动真格的。营销人员被解雇了，近期没有出色业绩的也都被开除了。"有时候他能吓死人，但他好像并不知道自己给员工施加了多么大的压力。"特斯拉的一位前高管说。那时员工们还会打赌，猜测谁会是马斯克下一个要开除的人。

但施特劳贝尔很欣赏马斯克的强硬态度。在过去5年里,施特劳贝尔成了技术团队中最关键的成员。他比公司其他人更了解电池和电力传动系统。对他来讲,最重要的是将Roadster和后续车型推向市场,实现电动车的普及,而马斯克似乎是带领特斯拉实现这一目标的最佳人选。

在过去5年里,其他员工享受了工程挑战带来的乐趣,但此时,他们已经筋疲力尽了。赖特离职后开办了自己的公司,生产电动版运货卡车。年轻工程师博迪切夫斯基一直是特斯拉的重要角色,他几乎无所不能,也陪公司走过了大部分时光。但此时,公司已经扩张到了300人左右,他觉得效率反而降低了,也不想为了把电动车推向市场再熬5年,于是他也辞职了。艾伯哈德离开后,塔彭宁觉得留在特斯拉没什么意思,他和新上任的德罗里意见不合,也不想自己每天除了睡觉,就只剩下让电动车上市这一件事可做,所以他也退出了。

尽管失去了这些元老级员工,但特斯拉仍然可以存活。它的品牌效应很强大,足以吸引顶尖人才源源不断地加入,其中不乏来自大型汽车公司的员工,他们知道如何去冲破最终横在Roadster与消费者之间的重重阻碍。但特斯拉最大的问题不在于员工是否努力、工程技术是否先进或者营销策略是否高明。2008年到了,公司的资金即将耗尽。研发Roadster已经花了差不多

1.4亿美元，这个数字远远超过了2004年的商业计划中所预计的2 500万。

  正常情况下，特斯拉在采取了上述举措后应该能筹集足够的资金，可偏偏2008年并非寻常之年。那一年，美国陷入了"大萧条"以来最严重的金融危机，大型汽车公司都在走向破产。而就在这种情况下，马斯克还要说服特斯拉的投资人再投几千万美元。用他自己的话说："假设你要投资一家电动车公司，结果手上的资料基本上都说明……这家公司要完了。经济还不景气，没人买汽车。那你还有什么理由投资呢？"为了帮助特斯拉摆脱财务困境，马斯克只能押上全部身家，把自己逼到了情绪崩溃的边缘。

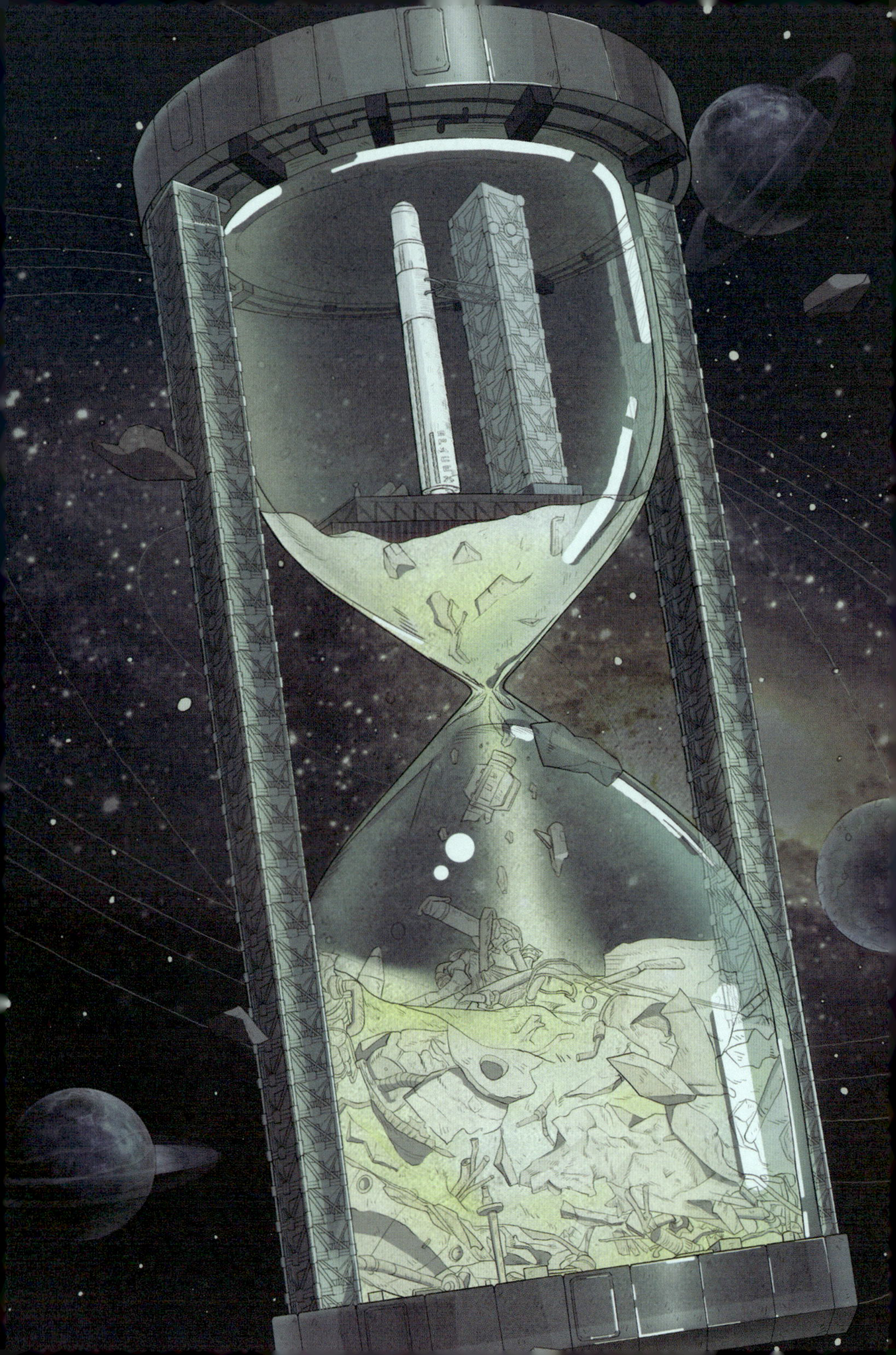

第十二章
CHAPTER 12

"钢铁侠"斯塔克和马斯克是同一类人,他们"都会紧紧把握住自己认定的想法,并为之倾注所有",一分一秒都不会浪费。

磨难、坚持与新生

2007年年初，为了筹备电影《钢铁侠》的拍摄，导演乔恩·费儒在洛杉矶租用了一个建筑群，这片建筑原本归航空航天与国防设备承包商休斯飞机公司所有。建筑群中的一排排机库交错纵横，给"钢铁侠"托尼·斯塔克的扮演者小罗伯特·唐尼带来不少灵感。看着其中一座大机库，唐尼陷入了感慨。不久前，这座大楼还孕育着商业大亨兼航空航天先驱霍华德·休斯的远大理想，他撼动了很多行业，也保留着自己独特的行事方式。而如今，这里已经人去楼空，无人问津。

唐尼对埃隆·马斯克也有所耳闻，知道这个与休斯有几分相似的人就在10英里之外打造着自己的现代化工业中心。唐尼觉得，与其在头脑中想象休斯的生活，不如去感受一下马斯克的真实人生。于是在2007年3月，他启程前往埃尔塞贡多的SpaceX总部，在马斯克的陪同下参观了这座工厂。"能打动我的东西很少，但这个地方、这个人都让我惊叹。"唐尼说。

在唐尼眼中，SpaceX工厂就像是一家巨大而奇异的五金商店。激情满满的员工穿梭其中，摆弄着各种各样的仪器。年轻的工程师和装配流水线上的工人交流互动着，他们看起来都对自己的事业怀着真挚的热爱。"我感觉这是一家激情澎湃的创业公司。"唐尼说。第一次参观之后，唐尼愉快地发现，休斯工厂正在打造的电影布景，的确和现实中的SpaceX有很多相似之处。"电影布景和真实场景很吻合。"他说道。

除了了解马斯克的工作环境，唐尼还渴望窥探他的内心世界。两人一起散了步，一起到马斯克的办公室里坐了一会儿，还一起吃了午饭。唐尼很欣赏马斯克，觉得他不是那种臭气熏天、烦躁不安的程序员。在唐尼看来，马斯克有一些"怪癖"，但并非令人无法忍受，而且他比较谦虚低调，可以和工厂里的人和谐共事。按照唐尼的说法，"钢铁侠"斯塔克和马斯克是同一类人，他们"都会紧紧把握住自己认定的想法，并为之倾注所有"，一分一秒都不会浪费。

回到《钢铁侠》的制作室后，唐尼让导演费儒一定要在斯塔克的工作室里摆一辆特斯拉 Roadster 跑车。从表面上看，这辆车可以说明"钢铁侠"是个潮人，而且人脉很广，所以能在 Roadster 上市前就拿到一辆；从更深层次来看，这辆车摆在离斯塔克书桌最近的位置，这样就在演员、角色和马斯克之间建立了某种联系。"在见过埃隆以后……我希望这间工作室里有他的影子。"唐尼说，"他们变成了同时代的人，埃隆可能还会和托尼有点儿交情。"

《钢铁侠》上映后，费儒夸大了马斯克在创作中起的作用。他表示，马斯克为唐尼对托尼·斯塔克的演绎提供了灵感来源。其实这种说法在很多层面都有些言过其实，但媒体乐于相信这种角色与真人之间的对应，而马斯克也因此收获了更大的知名度。在公众眼里，那个原来"搞 PayPal 的人"变成了 SpaceX 和特斯拉背后与众不同的富商。

马斯克很享受这种声名鹊起的感觉。迅速攀升的知名度既满足了他的虚荣心，又给他带来了乐趣。他和贾丝廷在贝莱尔买下一栋房子，还和几位 PayPal 前高管合拍了一部电影。他开始陶醉在好莱坞的夜生活之中。"可去的聚会太多了，"马斯克的好友比尔·李说，"他家旁边就住着两个准名人。我们身边的朋友都在拍电影，所以我们两个圈子的人混在一起，每晚都要出门，每晚都有事可做。"

贾丝廷好像比马斯克更喜欢这种生活状态。她会在博客上记录和马斯克的家庭生活，也会记录二人在城里消遣的故事。贾丝廷在一篇博客里说，他们在一家俱乐部碰上了影星莱昂纳多·迪卡普里奥，莱昂纳多希望马斯克能免费送他一辆 Roadster 跑车，但最终遭到了拒绝。在另一篇博客里，她说马斯克希望有时间能去"查克奶酪"（一家大型连锁家庭娱乐中心）看看。

媒体已经很久没有遇到过像马斯克这样的人了。随着 PayPal 越做越大，马斯克这个互联网富豪的光芒越发耀眼。他很有神秘感，有奇怪的绰号，还愿意为了制造宇宙飞船和电动车一掷千金。

那时媒体已经意识到，马斯克喜欢提出宏伟的设想，但很难兑现承诺，不过媒体并不在乎。毕竟他的设想实在太宏大，完全超乎常人，所以记者们也愿意给他留出余地。马斯克的每一步行动都得到了硅谷博主的赞赏。同样，报道 SpaceX 的记者们也愿意看见这家充满活力的年轻公司与波音、洛克希德·马丁甚至 NASA 打擂台。

然而，马斯克在公众和媒体面前上演好戏的同时，也开始为自己的事业忧心忡忡。SpaceX 的第二次试射失败了，特斯拉的财务报告看起来也越来越糟。刚刚开始冒险投资的时候，马斯克的身家接近 2 亿美元，但此时他花掉的资金已经超过了一半，两家公司却都没制造出真正拿得出手的产品。特斯拉的每次拖延都是新闻界的一场灾难，马斯克的光环也随之变得暗淡。他的资金

问题开始成为硅谷人的谈资，几个月前还赞不绝口的记者也纷纷把矛头指向了他。《纽约时报》报道了特斯拉在传动系统上遇到的问题。多个汽车网站抱怨说，Roadster 跑车可能永远交不了货。到 2007 年年末，情况已经变得非常糟糕了。硅谷有名的八卦博客"硅谷闲话"甚至称，特斯拉的 Roadster 是当年科技公司最失败的产品。

然而，在事业和公众形象遭遇重创的同时，马斯克的家庭生活也越发不如意。2006 年年末，贾丝廷生下了三胞胎——凯、达米安和萨克森，加上之前的双胞胎儿子格里芬和泽维尔，马斯克已经有了 5 个孩子，但他表示，"2007 年春，我们的婚姻真的遇到了大问题"。从贾丝廷的博客中可以看出，马斯克已经远不如两人刚恋爱时那么浪漫，同时她也觉得自己与丈夫的社会地位并不平等。

到 2008 年，马斯克的日子变得更难过了。特斯拉的 Roadster 项目大部分基本要重做；SpaceX 还有几十个员工留在夸贾林环礁，等待着"猎鹰 1 号"的下一次发射。这两件事一直在大量消耗马斯克的资金。而为了筹钱，他开始变卖那些价值不菲的私产，其中包括那辆迈凯伦跑车。

马斯克不想让员工知道公司的财务状况有多么严峻，总是鼓励他们全力以赴。同时，他还亲自监管着两家公司所有的大额采购，并努力锻炼员工平衡成本和生产率的能力。对 SpaceX 的很多员工来说，这简直不可思议，因为他们已经习惯了传统航天公司的模式，以前，他们承接政府的大额订单，这些订单周期长达好几年，所以不必整日承担生存的压力。

"马斯克周日也总是在工作。闲聊的时候，他会向我们谈起他自己那套哲学。"SpaceX的早期员工凯文·布罗根说，"他说，我们所做的一切都可以总结为消耗率的函数，而现在，我们的消耗率是每天10万美元。这是典型的硅谷企业家思维，而洛杉矶的航天工程师对此一无所知。有时他不让你采购2 000美元的部件，因为他希望你可以找出或者发明出更便宜的替代品。而有的时候，他又会为了把设备运到夸贾林环礁，毫不犹豫地花9万美元去租飞机，因为这样可以缩短一天的工期，所以这笔钱就花得值。"

2008年上半年，Valor Equity公司的创始人兼首席执行官安东尼奥·格拉西亚斯与马斯克一起吃了顿饭。这个人曾是特斯拉的投资人，后来又成为马斯克最好的朋友之一。他看出了马斯克对未来的担忧。"埃隆与贾丝廷的关系开始走下坡路，但那时他们还是夫妻。"格拉西亚斯回忆道，"吃饭的时候，埃隆说：'我要把自己的最后一美元留给这些公司，哪怕我们一家人要搬到岳父岳母家的地下室。'"可惜，到2008年6月16日，岳父岳母家的地下室也没法儿住了，因为马斯克在那天递交了离婚申请。在之后的几周里，马斯克变得非常消沉。不久之后，在朋友比尔·李的撮合下，马斯克认识了妲露拉·莱莉，两人一见钟情，很快坠入爱河。马斯克这才从上一段婚姻的痛苦中解脱出来。

到 7 月末，马斯克发现自己手头的现金只能勉强撑到年底。SpaceX 和特斯拉有时候都需要外界注入资金才能给员工发薪水，而全球金融市场仍处于崩溃状态，所以他也不知道该去哪儿弄来这笔钱。要是两家公司的业务开展得比较顺利，马斯克对融资还能有点儿信心，但事实并非如此。"他每天回家都会带回一些坏消息，"莱莉说，"他背负着来自各方的巨大压力，这对他来说太可怕了。"

后来，马斯克最紧迫的任务又变成了 SpaceX 在夸贾林环礁的第三次试射。工程师团队还留驻在岛上，为"猎鹰1号"的再次起飞做着准备。通常情况下，公司都只会关注眼前的事情，但 SpaceX 不这样。在 4 月时，马斯克就把"猎鹰1号"连同工程师团队一起送到了岛上，然后安排另一队工程师开展新的"猎鹰9号"研发项目。这是一枚带有 9 台发动机的火箭，它将取代之前的"猎鹰5号"，也有可能会取代那些即将退役的航天飞机。SpaceX 还没证明自己拥有成功发射火箭的能力，但马斯克对公司的定位始终没有改变，那就是要承包 NASA 的大额合同。

2008 年 7 月 30 日，"猎鹰9号"在得克萨斯州试验点火成功。9 台发动机全部点燃，推力高达 85 万磅。3 天后，在夸贾林环礁，SpaceX 的工程师给"猎鹰1号"加满了燃料，然后便开始祈祷发射成功。这次要运送的是一颗空军卫星，还有NASA的几台实验装置，总重量为375磅。自从上次发射失败后，SpaceX一直在大幅调整火箭的设计。传统的航天公司不会冒额外的风险，但马斯克坚持要求SpaceX不仅要确保顺利运行，还要研发新的技术。对"猎鹰1号"来说，最大的变化就是采用了改进过冷却系统的新版发动机——"灰背隼1号"。

第一次发射原本定在2008年8月2日，但在倒计时的最后一刻取消了。SpaceX重新部署，并在当天再次尝试发射。这一次，一切似乎都很顺利。"猎鹰1号"直冲云霄，场面非常壮观，看不出丝毫问题。在加州观看网络直播的员工们不禁欢呼起来，还吹起了口哨。紧接着，就在两级箭体即将分离的时候，故障再次出现，又一场灾难发生了。事后研究表明，在分离过程中，新发动机施加了一个意料之外的推力，导致第一级箭体撞到第二级箭体，撞毁了火箭顶部及其发动机。

这次失败让许多员工大受打击。"眼看整整一屋人的情绪在短短30秒内从高峰跌到谷底，这种感觉真的让人刻骨铭心。"公司负责招聘的多莉·辛格说道，"这几乎是有史以来……最糟糕的一天。成年人一般不会轻易落泪，但那天，大家真的忍不住了。我们都已经心力交瘁了。"就在这时，马斯克立刻站了出来，鼓励大家继续工作。"他说：'大家听着，我们还得继续努力，一切都会好的。没什么大不了的。'"辛格回忆道，"他仿佛给大家施

了魔法，所有人立刻冷静了下来，并且开始寻找事故原因和解决办法。大家从绝望中看到了希望，又重新把注意力放在了工作上。"而对于公众，马斯克也展现了积极的一面。他在声明中表示，SpaceX还有一枚火箭在等待着第四次试射，而第五次试射也在筹备之中，在第四次试射结束之后就会很快开始。"同时，我已批准筹划第六次试射，"他说，"'猎鹰9号'的开发工作也会继续进行。"

客观来说，第三次试射失败无疑是一场灾难，并且造成了持续性的影响。由于第二级箭体没有正常点火，SpaceX没有机会了解第二次试射时出现的燃料晃动问题是否真的得到了解决。公司的很多工程师都自信地认为这个问题已经解决了，急着进行第四次试射。他们还认为推力问题解决起来会比较容易。

对马斯克来说，情况似乎变得更严峻了。"我非常沮丧，"马斯克说，"如果我们没解决影响第二次试射的燃料晃动问题，或者这只是随机故障导致的，比如发射流程或生产流程中出现了之前从未有过的失误，那就没戏了。"SpaceX真的没有钱进行第五次试射。马斯克已经向SpaceX投入1亿美元，而且由于特斯拉的问题，他再没有多余的钱了。"第四次必须成功。"马斯克说。

2008年9月28日，SpaceX进行了第四次试射，这可能也是最后一次试射。为了这一天，员工们顶着巨大的压力，没日没夜地轮流工作了6周。对工程师来说，他们的骄傲、希望与梦想全都押在这次发射上了。计量主管詹姆斯·麦克劳里说："在工厂观看发射过程的人都在极力忍耐着，避免自己紧张到呕吐。"虽然之前的试射都失败了，但夸贾林环礁上的工程师觉得这次一定能够成功。有些人在岛上工作了好几年，可以说经历了人类历史上最难以想象的工程实践之一。他们见不到家人，忍受着热浪的侵袭，被流放到了这个小小的发射台前哨站，日复一日地等待着发射窗口打开的那一刻，再在发射中止后解决相关的问题，有时候甚至填不饱肚子。只要这次发射成功，所有痛苦、折磨和担忧就都可以抛在脑后了。

28日傍晚，SpaceX团队把"猎鹰1号"送到了发射位置。它又一次矗立在那儿，就像一个小岛部落的奇特工艺品。棕榈树在它周围摇曳着，湛蓝的无垠天空中零星掠过几片云。"猎鹰1号"这次没有运载实际的货物，因为无论是公司还是军方都不希望再有货物被炸掉或者掉到海里了。所以这次，火箭只装了360磅的虚拟载荷。

虽然没有搭载真正的货物，仅仅是为了发射而发射，但员工们的情绪并未因此受到影响，热情也没有减弱。当火箭隆隆作响、不断升高的时候，远在SpaceX总部的员工忍不住大声欢呼起来。箭体离岛升空，发动机状态检查良好，之后的每个重要节点都伴随着人们的口哨声与喝彩声。第一级箭体分离后，第二级箭体在空中飞行90秒后也成功启动了，员工们陷入了彻底的狂欢，网络直播间里充斥着他们欣喜若狂的欢呼声。"太完美了。"视频中有人说道。然后,"红隼"发动机便闪着红光,开始了长达 6 分钟的燃烧。"我一直屏着呼吸,等到第二级箭体独立飞行时,我才终于喘了口气,腿也不软了。"麦克劳里说。

在发射后 3 分钟左右,火箭整流罩开启,释放有效载荷,并落回地面。最后,在发射后 9 分钟左右,"猎鹰 1 号"按计划关闭,进入轨道,成为人类历史上首枚成功发射的由私人建造的火箭。完成此次壮举共耗费了 6 年,比马斯克的原定计划多了 4 年半左右,500 名工作人员为之殚精竭虑,造就了这个现代科学与商业的奇迹。

SpaceX 将一辆拖车改造为他们的移动指挥中心。
马斯克和穆勒在这里监控夸贾林环礁上的火箭发射情况。SpaceX 供图

发射当天早些时候，为了缓解不断加重的压力，马斯克和弟弟金博尔带着各自的孩子去了迪士尼乐园。为了赶上下午4点的发射，马斯克争分夺秒地往回赶，终于在点火前两分钟走进了SpaceX的移动指挥中心。"发射成功后，每个人都泪流满面。"金博尔说。后来，马斯克从指挥中心来到工厂车间，像一位摇滚巨星一样，受到了人们热烈的欢迎。

"哎呀，能成功真是太好了。"他那时说，"真的有很多人都觉得我们做不到，不过就像老话说的，'好事多磨'，对吧？全世界能成功发射火箭的国家都没有几个，更何况一般情况下，这种工程都是国家做的，公司基本不会搞这样的项目……我现在脑子有点儿乱，不知道说什么好。但是，伙计们，这绝对是我人生中最美妙的一天，我相信对在场大多数同人来说也一样。我们向世界证明了，我们能做到。而这只是我们伟大事业的开始……"

欢欣鼓舞的气氛并未持续太久，庆功宴结束后，人们的喜悦之情便很快消散了，解决SpaceX严重的财务问题又成了马斯克的当务之急。SpaceX要准备"猎鹰9号"的相关工作，"龙"飞船的建造工作也立刻获批了。这艘飞船会被用来为国际空间站运送物资，以后还要负责向空间站运送航天员。从以往经验来看，这两个项目的成本都将超过10亿美元，但SpaceX必须想办法只花一小部分的预计成本就把两台飞行器都建造出来。于是公司大大加快了招募员工的速度，又把总部搬到了霍索恩一个更大的

总部基地。SpaceX确实接到了一单生意，要为马来西亚政府发射一枚卫星，但发射时间定在了2009年年中，钱款也要等到那时才能到账。在此期间，SpaceX连给员工发工资都很困难。

SpaceX的野心逐渐膨胀，决心建造"龙"飞船。
这艘飞船可以将航天员运送到国际空间站，甚至更远的太空 © 史蒂夫·尤尔韦松

媒体虽然不知道马斯克的财务问题严重到了什么程度，但知道的确有问题存在，于是他们纷纷将注意力转向了特斯拉危险的财务状况。汽车真相网在2008年5月开始发布标题为"特斯拉死亡观察"的系列报道，英国一档热门汽车节目《疯狂汽车秀》把Roadster跑车批判得体无完肤。"虽然人们没把'特斯拉死亡观察'之类的报道太当回事，但这些报道确实很伤人。"金博尔说，"那些讨论特斯拉会如何垮掉的报道，一天能冒出50篇。"

当然，特斯拉的生产成本很高，而且一再延期，不怪媒体唱衰。不过在马斯克看来，是2008年的经济形势把他变成了媒体的重点关注对象，毕竟当时社会上充斥着对银行家和富人的仇恨。"我简直像被人用手枪柄不停地击打，"马斯克说，"真的事事不顺。贾丝廷利用舆论折磨我，特斯拉的负面报道没完没了，SpaceX第三次试射失败的事情也被反复提起。我被伤得体无完肤，开始深深怀疑，我的日子是不是过不下去了，汽车是不是生产不出来，而且当时我在闹离婚……我觉得要坚持不下去了，一切可能都要……完蛋了。"

就在马斯克绞尽脑汁思考SpaceX和特斯拉的问题时，他突然想到，如果只留下一家公司，那么这家公司就有希望存活。"我要么留下SpaceX，要么留下特斯拉，不然就得把自己剩下的钱分摊到两家公司。"马斯克说，"这是一项非常艰难的抉择。如果我把钱分摊，那么两家公司可能都会倒闭。但如果我把钱押在一家公司上，那么它活下去的可能性就更大，但这也意味着另一家肯定要倒闭了。我就这么一遍遍地思来想去，总也下不了决心。"到2008年年末，马斯克终于没钱了。

因为长期加班，再加上饮食不规律，马斯克的体重波动得非常厉害，眼袋也冒了出来，筋疲力尽的样子像是刚跑完一场超级马拉松。"他看起来就像死人。"莱莉说，"我当时想，他弄不好要心脏病发作，直接死了。"无奈之下，他俩只能向马斯克的亿万富翁朋友杰夫·斯科尔借了几十万美元。另外，马斯克不能再乘着私人飞机在洛杉矶和硅谷两地之间往返，只能改坐美国西南航空公司的航班出差了。

特斯拉一个月就要花掉 400 万美元左右，只有新一轮的大规模融资才能让它挺过 2008 年，继续经营。在和投资人谈判期间，马斯克只能依靠朋友的接济给员工发薪水，挺过一周又一周。他还恳切地向所有可能拿得出钱的人求援。就这样，他从比尔·李手里拿到 200 万美元，又从谢尔盖·布林那里拿到 50 万美元。"许多特斯拉员工为了帮助维持公司运转自掏腰包，"特斯拉负责业务拓展的副总裁迪尔米德·奥康奈尔说，"这些钱后来成了他们对公司的投资，但在当时看来，这些 2.5 万美元或 5 万美元的支票极有可能有去无回。当时的情况让人觉得……公司要倒闭了。"

在经济衰退时期，金博尔的投资触底了，他赔了大部分身家，但还是卖了所有能卖的东西，把剩余的钱投进了特斯拉。"我当时差点儿就破产了。"金博尔说。特斯拉之前从没动过客户为 Roadster 支付的预付款，但此时，马斯克得用这笔钱来维持公司的运转，不过这笔钱很快也用完了。马斯克的这一做法让金博尔感到很不安。"我相信埃隆会有办法扭转局面，但这样用别人的钱太冒险了，他没准儿会因为这事儿进监狱。"金博尔说道。

2008 年 12 月，为了拯救自己的两家公司，马斯克办了几场

活动。那时他听到有传言称，NASA要对外签订合同，来给国际空间站运送补给，据说合同金额超过10亿美元。SpaceX的第四次发射证明了公司的实力，没准儿可以拿下部分合同。

后来，马斯克发现SpaceX甚至可以算NASA的首选，于是他开始尽全力向人们保证，公司能够应对给国际空间站运送补给的挑战。至于特斯拉，马斯克不得不去找现有投资人，请他们再进行一轮投资，而且必须在平安夜之前完成，这样才能避免破产。为了增强投资人的信心，马斯克最后努力了一次，把自己全力筹集的个人资金全部投入了公司，他还从SpaceX贷款给特斯拉，并设法卖掉了自己在SolarCity的部分股份。就在这时，戴尔收购了数据中心软件开发公司Everdream，这家初创公司是马斯克的表弟创办的，马斯克本人也曾为其投资，他因此拿到了1500万美元的收购款。"这情节就像……《黑客帝国》，"马斯克这样形容自己的金融策略，"Everdream的收购交易真是救了我一命。"

马斯克勉强凑了2000万美元，还要求特斯拉的现有投资人（实在没有新投资人）也拿出这么多。他们同意了。但就在2008年12月3日，在该轮融资的文件进入最终确定阶段时，马斯克发现了一个问题：VantagePoint公司签了所有的文件，但漏掉了非常重要的一页。于是马斯克就此事向其联合创始人兼执行合伙人艾伦·萨尔兹曼致电询问。萨尔兹曼告诉他，VantagePoint对这轮融资有疑问，要降低对特斯拉的估值。"既然这样，我有个好办法。"马斯克答道，"你把我的股份全部拿走。为了筹钱，我这阵子过得非常难。从现在银行里的现金数目来看，下周公司就要发不出工资了。所以说，如果你没有其他想法，要么就按原计划完成融资，要么就想投多少就投多少吧，不然公司就要破产了。"

萨尔兹曼犹豫了。他让马斯克下周来一趟公司，向高层说明情况，时间初步定在早上 7 点。马斯克等不了那么久，他要第二天就去，但是萨尔兹曼不同意，马斯克只能继续从银行贷款。"他让我去办公室，可能只是想让我低声下气地求他，这样他就可以理直气壮地拒绝我。"马斯克推测道。

VantagePoint 公司后来不再对此事做出任何回应，但马斯克认为，萨尔兹曼之所以使出这样的手段，是为了让特斯拉破产。马斯克担心 VantagePoint 会把他从首席执行官的位置撤下来，然后把特斯拉卖给底特律的某家汽车制造商，或者让公司转型，不再制造整车，而是专门卖电动车的传动系统和电池包。从商业角度来看，这种策略的确非常务实，但它与马斯克对特斯拉的定位并不相符。

"VantagePoint 想把所谓的商业智慧强加给马斯克，但这位企业家想做的事业显然更加宏伟、更加大胆。"德丰杰风险投资公司合伙人、特斯拉投资人史蒂夫·尤尔韦松说道，"或许他们习惯性地认为首席执行官都会向他们屈服，但马斯克不是这种人。"

在 Valor Equity 公司的安东尼奥·格拉西亚斯的帮助下，马

斯克最终获得多数投资人的支持，他们也能够阻止VantagePoint扰乱交易秩序的行为。特斯拉在这轮融资中拿到4 000万美元，就这样，公司得救了——当然，只是暂时得救。

这笔交易最终在平安夜当天顺利完成，要是再晚几个小时，特斯拉就会破产。当时，马斯克只剩下几十万美元，连第二天的工资都不够发。最终，马斯克在这轮融资中共投入1 200万美元，剩下的2 800万是投资公司提供的。至于萨尔兹曼，马斯克评价说："他应该抬不起头才对。"

再来看看SpaceX。那年12月，马斯克和公司高管大部分时间都过得心惊胆战。媒体报道，SpaceX原本是与NASA签订大额订单的首选，此时却突然受到冷落。当时的NASA局长迈克尔·格里芬曾经差点儿成为SpaceX的联合创始人，他对马斯克颇有偏见。格里芬并不认可马斯克那些大胆的商业策略，觉得他几乎是在挑战道德边界。而其他人则认为，格里芬是在嫉妒马斯克和SpaceX的成功。

然而，在2008年12月23日，SpaceX终于迎来了惊喜。在NASA内部，与格里芬共事的人支持SpaceX来做国际空间站的供应商。就这样，SpaceX收到了16亿美元的资金，作为向国际空间站运货12次的报酬。SpaceX和特斯拉的问题得到解决时，马斯克正和金博尔在科罗拉多州的博尔德度假，听到消息后，马斯克不禁泪流满面。

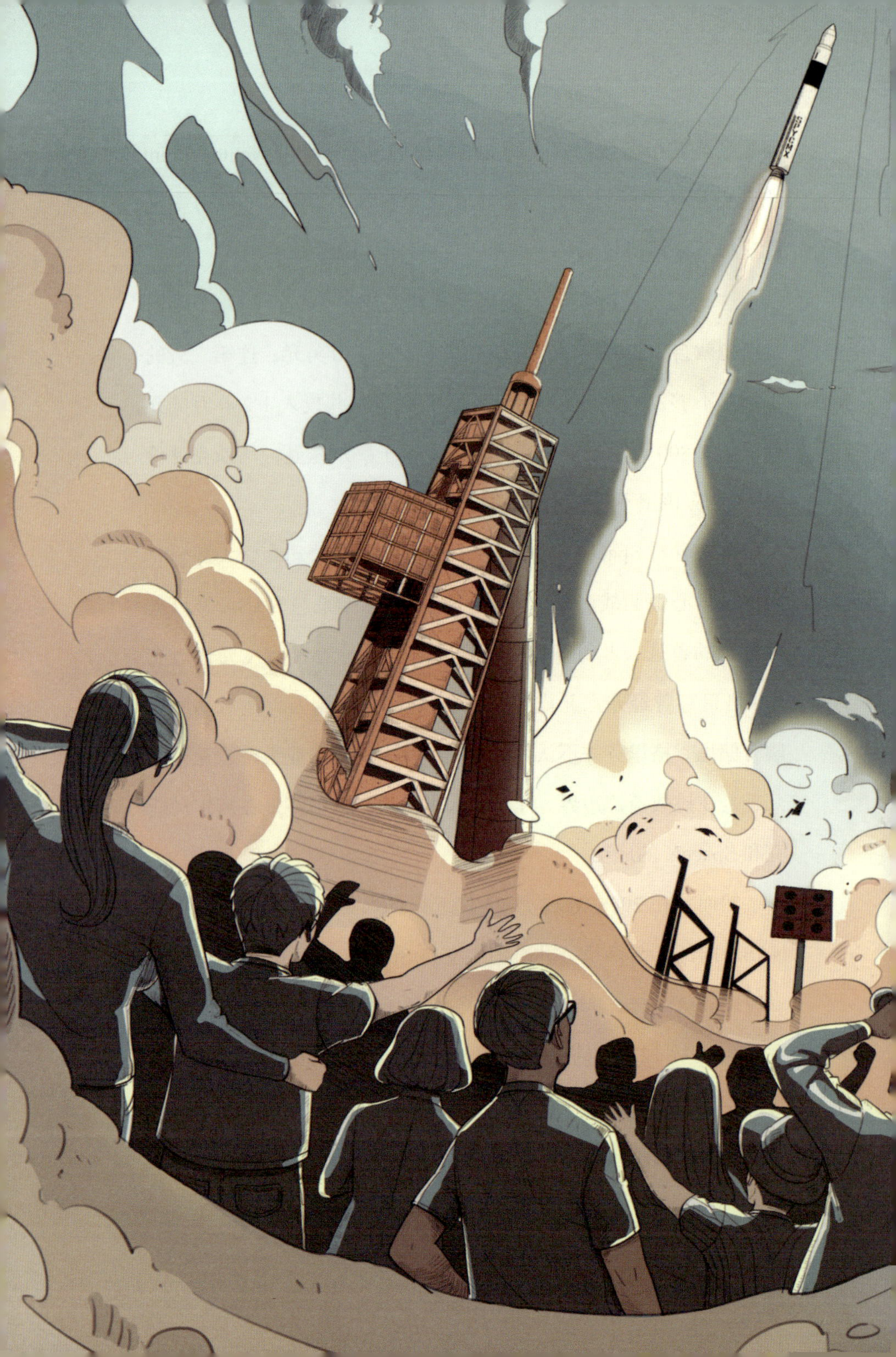

第十三章
CHAPTER 13

SpaceX 正在努力颠覆整个航天业，
而马斯克的目标是，通过突破性的制造工艺和
先进的发射台，使运送太空货物的成本大幅降低。
更重要的是，他一直在进行测试，
希望发射出去的火箭能精准回落，
从而达到重复使用火箭的目的。

腾空而起

"猎鹰9号"成为SpaceX的首选火箭,其箭体高224.4英尺,宽12英尺,重110万磅,由9台发动机驱动。其中一台发动机在正中间,另外8台环绕着它依次排列,在箭体底部组成了一个"八边形网状"结构。与这些发动机相连的是第一级箭体,即火箭主体,上面有SpaceX的蓝色标识和美国国旗图案。再往上是稍短的第二级箭体,它是真正在太空中执行任务的部分,上面可以安装一个圆形容器,用来运载卫星或载人太空舱。从外表上看,"猎鹰9号"朴实无华,它是一枚简约而实用的火箭。

在发射前 4 个小时左右，"猎鹰 9 号"就要开始注入大量液氧和火箭专用煤油。在等候发射期间，一部分液氧会从箭体中泄漏，它需要进行低温保存，一碰到金属和空气就会立刻发生气化。

SpaceX 控制中心内部的工程师负责监控包括燃料系统在内的所有装备。他们通过耳机彼此沟通，并开始循环浏览火箭发射列表，对表中的全部内容进行逐条检查，并一一通过，业内把他们此时的工作状态称为"发烧"。发射前 10 分钟，所有人员都会停止对发射过程的操控，把剩余的工作交给自动化设备。控制中心会变得非常安静，紧张的气氛弥漫开来，直到发射前的最后一刻。此时，"猎鹰 9 号"就会突然打破寂静，发出一阵巨大的喘息声。

然后，一个白色的支架会从箭体上脱离，10 秒倒计时正式开始。从倒数到 10 到倒数到 4，一切看上去都很平静。但等到倒数到 3 时，发动机点火，计算机飞速进行最后一次运行状况检查。在计算机对 9 台发动机进行评估、判断其产生的向下推力是否足够时，四个巨大的金属夹仍稳稳地固定着火箭。倒数到 0 的那一刻，一切就绪，火箭做好了执行任务的准备，就这样，金属夹打开，火箭升空了。

在发射的一刹那，火焰围绕着整个基座，空气中满是液氧气化后形成的白色气雾，像厚厚的积雪。升空后约 20 秒，位于安全观测区的观众第一次听到了几英里外"猎鹰 9 号"的轰鸣声。

火箭排气管发出的巨大声响产生了强烈的冲击波，让人们的裤管都震动起来。白色的箭体仿佛不知疲倦，越飞越高。大约一分钟后，它变成了天空中的一个小红点，转眼间就无影无踪了。

马斯克早已对这番壮观的景象司空见惯了。SpaceX不再是航天业的笑话，它已经成为业内最稳定的运营商之一。SpaceX大约每个月都会发射一枚火箭，为企业或国家运送卫星，并为国际空间站运送补给。如果说夸贾林环礁上的"猎鹰1号"只是一家创业公司的作品，那么从范登堡空军基地起飞的"猎鹰9号"就是一个航天业巨头的杰作。另外，SpaceX在价格上比波音、洛克希德·马丁和轨道科学等美国航天公司低得多。

SpaceX还可以为美国客户提供内心的安全感，这是其竞争对手不具备的优势。其他航天公司要仰仗包括俄罗斯在内的外国供应商，而SpaceX所有的机器设备都是在美国制造的。凭借低廉的成本，SpaceX让美国重新进入了全球商业卫星发射市场。其单次发射成本仅为6 000万美元，远低于欧洲和日本的价格，甚至比报价较低的俄罗斯与中国更便宜。

对于发射卫星与给空间站运送补给的大部分市场，美国政府和公众一直秉持拱手相让的心态。这种做法很令人心酸，也非常短视。在过去10年里，由卫星、卫星服务以及运载火箭发射这三大板块组成的总体市场规模呈爆炸式增长。很多国家斥资把本国的侦察卫星、通信卫星和气象卫星送上太空，各个行业的公司也要依靠太空技术获取电视、网络、广播、天气预报、导航及成像等服务。飘浮在太空中的机器已经成了现代生活的一部分，而且正在快速地发展完善，变得丰富有趣。

航天飞机退出历史舞台，导致美国需要完全依赖俄罗斯才能把宇航员送入国际空间站。为此，俄罗斯开出每人 7 000 万美元的价格，而且在出现政治分歧时，可以酌情停止对美国的服务。就目前来看，SpaceX 应该最有希望帮助美国打破这一循环，使其能够重新将宇航员送入太空。

SpaceX 正在努力颠覆整个航天业，而马斯克的目标是，通过突破性的制造工艺和先进的发射台，使运送太空货物的成本大幅降低。更重要的是，他一直在进行测试，希望火箭既能把货物送到太空，又能返回地球，最后精准定位到海面降落台上，甚至精准落回原本的发射台。SpaceX 打算用反向推进器减缓火箭降落的速度，使其缓慢着陆，从而达到重复使用火箭的目的，不再让火箭在发射完成后就落入海中，成为一片片残骸。SpaceX 希望在未来几年内，在竞争对手仍在使用一次性飞船的时候，自己能够研发出这种可以重复利用的火箭，从而至少将价格降到竞争对手的 1/10。

SpaceX 希望能够承接全球大多数的商业发射项目。事实证明，它如今的确正朝着这个方向前进。到目前为止，公司已经为加拿大、欧洲和亚洲客户发射过卫星，共完成了 20 多次发射。

公开的发射日程已经排到了多年之后，安排的飞行班次超过50次，总价值超过50亿美元。自2008年大难不死之后，SpaceX一直在赢利，公司估值也达到了100亿美元。

降低发射卫星和运送空间站补给的成本不是马斯克唯一的目标。他想把发射成本降到足够低的程度，从而能够成千上万次地开展地球到火星的航行，并在火星建立人类殖民地。马斯克想要征服整个太阳系，如果这个梦想也是每天叫醒你的动力，那么目前，SpaceX是你唯一的选择。

SpaceX在招聘时会在一定程度上看重学历与分数，不过他们更看重的还是候选人作为工程师有团队协作能力和对工作的激情，同时要有一定的实操经验。"即便只是写代码的工作，也要求工作者了解机械运作的原理。"曾有5年在SpaceX担任人才招聘主管的多莉·辛格说，"我们要找的，是从小就喜欢捣鼓东西的人。"

和许多科技公司一样，SpaceX的招聘也包括各种各样的面试和笔试。要是笔试成绩过关，面试中对答如流，或者能写出一篇优秀的文章，那么就能够见到马斯克。SpaceX的前一千名员工几乎都是他亲自面试的，连门卫和技术员也不例外。即便到了今天，他也仍然会亲自面试工程师。

在和马斯克会面之前，所有应聘者都会被告知，整个面试过程可能只有30秒，也可能会持续15分钟。在面试刚开始的时候，马斯克可能还在继续工作或写邮件，不会说太多话，不用慌，这很正常。最后，他会转过椅子来和应聘者面对面坐着。不过即便这样，他可能也不会与对方有什么眼神接触，也不会完全把注意力放在对方身上。别慌，这也很正常。在合适的时候，他会开口说话的。

等聊上以后，马斯克可能只问一个问题，也可能问好几个。但有一个智力问题是他面试的必考题："假设你现在站在地球上的某个位置，先向南走了一英里，又向西走了一英里，最后向北走了一英里，结果回到了原点。请问你的位置在哪儿？"正确答案是北极，这是大多数工程师都能立刻说出的答案。这时马斯克就会接着追问："还有别的可能吗？"问题的第二个答案是南极附近的某个地方，因为从此处向南走一英里，就会走到周长为一英里的纬线上。能想到这个答案的工程师就没有那么多了。而马斯克一般也不会在乎应聘者能否答对，他更关心对方如何描述问题、解决问题。

辛格在面试时会给应聘者打气，并且直言不讳地说明 SpaceX 和马斯克对人才的要求。"我们招聘的宣传语就是'欢迎来到特种部队 SpaceX'。"她说，"如果你是工作狂，那么 SpaceX 欢迎你；如果不是，那就另寻去处吧。"一旦成功入职，新员工很快就会认清自己是否真能应付如此强度的挑战。很多人在干了几个月之后就离职了，因为他们受不了每周 90 多个小时的工作强度。还有人不适应马斯克和其他高管开会时直言不讳的风格，所以选择了离开。"埃隆并不了解你，他也没想过有些话说出口后会不会伤害你的感情，"辛格说，"他只知道……他想要什么样的成果。不习惯他这种沟通风格的人，在这里是干不好的。"

而那些喜欢接受挑战且能适应这种沟通风格的人，似乎都对SpaceX和马斯克格外忠诚。马斯克非常善于激发团队的热情。"他的愿景很清晰，"辛格说，"几乎像是把员工们催眠了。他会用那种疯狂的眼神看着大家，就像在说，是的，我们可以去火星。"

SpaceX想要成为优秀年轻人的聚集地，而最初在埃尔塞贡多设立的总部显然不太符合这一发展愿景。好在SpaceX在霍索恩市火箭路1号建了一座新工厂，这里是一处理想的办公地。新工厂是一座通体白色的长条形建筑，就像一座巨大的冰川坐落在洛杉矶杂乱无章的郊区。

SpaceX安装了反光的正门，从外面看不到内部的情况。访客在登记之后，会被引导至主要办公区。办公区右边就是马斯克的大办公室。他的墙上挂着几本《航空周刊》杂志的封面，桌上放着儿子们的照片和各种摆件，其中有一支回旋镖，还有一把巨大的武士刀，名叫"维瓦慕斯夫人"。开阔的办公区里，数百人在各自的隔间里噼里啪啦地敲着键盘，其中大部分都是高管、工

SpaceX 搬到了位于加州霍索恩的新工厂。这里配备了规模更大的流水线，可以同时制造多枚火箭和多个太空舱 © 史蒂夫·尤尔韦松

程师、软件开发员及销售人员。

如果没有火箭和武士刀，SpaceX 的主要办公区就和硅谷其他公司一个样子。不过，穿过两道双开门，进入 SpaceX 工厂的核心区域，景象便会截然不同。

工厂区是一片连续的空间，占地 55 万平方英尺，地板是灰色的，墙壁和支柱是白的。这里有人，有机器，还有各种各样的声响，就像是一座小城市。入口附近的天花板上悬挂着一艘"龙"飞船——它在登陆国际空间站后成功返回了地球，舱体侧面还留着黑色的烧焦痕迹。飞船正下方摆着一对 SpaceX 制造的起落架，长 25 英尺，能够让"猎鹰"火箭在完成飞行任务后缓慢着陆，从而实现重复使用。入口右边是任务指挥中心。这是一个封闭区域，装着巨大的玻璃窗，前方则是和墙壁一般大的显示器，可以追踪火箭的飞行状态。

再往里走便可以看到几个随意分隔开的独立作业区。有的地方是用地板上画的蓝线隔开的，有的地方干脆用工作台围出了一块块正方形的空间。在这里，经常可以看到一台"灰背隼"发动机立在某个作业区中央，旁边则围着六七名正在接线或调试部件的技术员。

对SpaceX来说，这座工厂就是一座"神庙"，专门供奉着他们的"秘密武器"：自制火箭技术。SpaceX的箭体、发动机、电子元件等部件，有80%~90%是自己生产的。这种自行研制火箭的战略让竞争对手们瞠目结舌。

通常，航天公司会先列出发射系统所需的部件清单，再把设计方案交给多家第三方公司，由它们来完成硬件的实际制造工作。但SpaceX想尽可能减少采购量，一方面是为了节约成本，另一方面是因为公司认为，依赖供应商，尤其是国外供应商，是公司的弱点。乍看上去，这种做法没有什么必要。那些生产配电器和无线电装置的公司都有几十年历史了，而公司自己重新设计火箭上所有的计算机和机械装置反而更容易出错，并且基本是在浪费时间。

但这种战略在SpaceX很有效。除了发动机、箭体和太空舱，公司还自行设计了主板和电路、振动检测仪、飞行计算机和太阳能电池板。以无线电为例，SpaceX的工程师发现，只要对无线电进行简化，就能将整个装置减重20%左右。至于成本，其他航天公司使用的工业级无线电设备为5万~10万美元，而SpaceX自制的设备只有5 000美元。

起初，人们很难相信价格差能有这么大，但在SpaceX，靠这种方式节约成本的项目有几十甚至上百个。和其他航天公司不同，SpaceX通常采用的并非"航天级"设备，而是用现成的消费类电子产品制成的设备。为此，SpaceX花了几年时间才让NASA相信，标准的电子元件足以和过去那些昂贵的专用设备媲美。为了获得NASA的信赖，也为了让自己相信自主研发的道路没有选错，SpaceX有时会同时将标准设备和自行设计的原型产品安装在火箭上，并在飞行过程中进行测试，再由工程师来对比两种设备的性能特点。若是自主研发的设备的性能与市面上的产品不相上下，甚至前者性能更佳，那就可以将前者真正投入使用了。

随着SpaceX发展壮大，马斯克对火箭的了解和管理企业的经验都在增加。在刚开始制造"猎鹰1号"的时候，马斯克也是个了不起的高管，只是经验局限在软件行业，需要在另一个截然不同的行业从最基础的知识学起。在Zip2和PayPal，他可以在自己的位置上如鱼得水，信心满满地指挥手下的程序员。而在

SpaceX，他不得不在工作中学习新知识。一开始，他大部分关于火箭的知识都是从教科书里学到的。但随着越来越多的杰出人才加入公司，他意识到自己也可以向这些人请教。有时，他会缠着工厂里的工程师，就某种阀门或特殊材料的问题向人家刨根究底地发问。

"起初我以为他是想试探我到底有没有本事，"早期加入公司的工程师凯文·布罗根说，"后来我才意识到，他是想学东西。他会不断地提问，直到掌握你脑袋里的绝大部分知识为止。"在SpaceX做了几年高管后，马斯克成了一位航天专家，很少有科技公司的首席执行官能在自己的技术领域达到他这样的高度。"他让我们明白了时间的宝贵，我们则向他传授了火箭原理。"布罗根说。

提到时间，马斯克总是给制造难度极大的产品制订非常紧张的交货时间，恐怕从古至今都没几个管理者会像他这样让手下疯狂赶工。马斯克曾因错过原定交货时间而遭到媒体的抨击。在将SpaceX和特斯拉的首批产品推向市场时，频频延迟交货是让他陷入大麻烦的问题之一，那时他只能一次次地在公开场合为公司的延误寻找新的借口。

在被问到原定于2003年的"猎鹰1号"发射目标时，马斯克显得很吃惊。"你是说真的吗？"他说，"我们真的这么说过吗？好吧，我承认这目标太荒唐了。我那时候肯定没意识到自己在说什么疯话。之前我只在软件行业有点儿工作经验。而且一年的时间足够写出一堆软件，也足够上线一个网站。这都不成问题。但火箭不是软件，这种经验行不通。"

在被问及如何具体规划日期的时候，马斯克说，他不会去设置不可能实现的目标，因为这样会"打击员工的积极性"。他还表示，自己在努力学着更合理地安排时间，而且 SpaceX 并不是唯一一家完不成既定目标的公司。"在航天业，延迟是通病。"马斯克说，"问题不在于会不会延迟，而是延迟多久。我觉得吧，好像从……第二次世界大战以后，就没有哪个航天项目是按时完成的。"

SpaceX 的工程师既要疯狂赶工，又要满足马斯克的期望，这让他们掌握了一系列的"生存技能"。马斯克经常要求他们拿出非常详尽的项目完成计划。而工程师们也逐渐明白，不能把项目完成时间设定为几个月或几周，因为马斯克需要他们精确到天和小时，有时甚至要精确到分钟。"连上厕所的时间都得写进去。"布罗根说，"我当时在想：'埃隆，大家有时候可能需要蹲久一点儿。'"

毫无疑问，马斯克已经掌握了"压榨"员工的精髓。SpaceX 一共有 30 多位工程师接受了采访，人人都能讲出一个马斯克用来让他们按时完成工作的管理手段。比如，布罗根在采访中说："马斯克不会说'这事儿到周五下午两点必须完成'。他会说：'周五下午两点之前要把这项不可能完成的工作完成，能做到吗？'如果你说'能'，那你再去拼命工作就跟他无关了，你只是在做分内的事情。区别很明显，现在不是老板在命令你，而是你自愿接下了一项工作。"

有了数百个头脑聪明、上进肯干的人，SpaceX把个人的能量发挥到了极致。一个人每天工作16个小时，比两个人各干8个小时的效率高得多。一个人不用开会，不用协调意见，也不用向合作者汇报项目进展。他只需要没完没了地工作、工作再工作。在SpaceX，理想的员工是像高级项目总监史蒂夫·戴维斯这样的人。"他每天都工作16个小时，数年如一日。"布罗根说，"他一个人干的活儿能赶上11个人的量。"

戴维斯在夸贾林环礁上工作过，他觉得那是他人生中最美好的一段时光。"每到晚上，我要么选择睡在火箭旁边的帐篷里，感受壁虎在身上爬来爬去，要么选择坐一个小时的船返回主岛，坐到晕船。"他说，"每天晚上都要两害相权取其轻。天天都是又热又累，真是不平凡的经历。"在"猎鹰1号"项目完成后，戴维斯又参与了"猎鹰9号"的工作，然后加入了"龙"飞船项目。

"龙"飞船的设计工作只花了4年，可能是人类航天史上同类型项目中完成得最快的一个。项目刚开始时，参与者只有马斯克和少数几个工程师，他们大多不到30岁，团队规模最大时达到了100人。那时，NASA等航天机构发表的论文，只要涉及类似的宇宙飞船，都被他们读了个遍。

然后，工程师们要在之前的基础上继续努力，用现代技术武装太空舱。有些地方显然需要完善，改进难度也不大，但有些地方需要运用创造力才能进一步改良。当时，"土星5号"运载火箭和"阿波罗号"飞船的计算机系统非常庞大，但从计算能力来看，它们甚至远不如今天的一部iPad（苹果平板电脑）。SpaceX的工程师们明白，如果把一部分计算机淘汰，用更强大的设备提高运算能力，就可以节省很多空间。另外，在和NASA做交易的过程中，SpaceX拿到了酚醛浸渍碳烧蚀体（PICA）这种绝热材料的制作工艺。后来，工程师们还找到了成本更低的制作方法，并且改进了底层技术。最终，"龙"飞船的总成本仅为3亿美元，是其他公司太空舱项目的1/30~1/10。"金属板采购回来之后，我们就把它卷起来，再焊一焊，用来制造配件。"戴维斯说，"差不多所有配件都是我们自己做的。这就是成本降低的原因。"

凯文·沃森可以为此做证。他是在2008年加入的SpaceX，在此之前，他曾在NASA的JPL工作过24年。沃森在JPL参与过各种项目，其中包括建立并测试能够承受恶劣太空条件的计算系统。JPL通常会去采购那种经过特殊加固处理但价格昂贵的计算机，而沃森并不赞成这种做法。他总是在脑海中幻想，如何能自行研制同样好用但价格更低的计算机。在接受马斯克的面试时，沃森得知自己的想法正是SpaceX所需要的。马斯克希望火箭计算系统主体的成本不超过1万美元。按照航天业的标准来看，这根本是一个不切实际的幻想，因为一枚火箭的航天电子设备系统成本通常远高于1 000万美元。"在传统航天领域，单是开会讨论航天电子设备的成本，就要花掉1万多美元的酒水食品费。"沃森说。

但他在面试时还是向马斯克保证，他可以做到这件看似无法完成的事情，打造出成本仅为1万美元的航天电子设备系统。入职之后，他马上着手为"龙"飞船研制计算机。第一个系统名叫"CUCU"，和英语单词"cuckoo"（布谷鸟）同音。这个通信盒将被送往国际空间站，与"龙"飞船建立通信联系。这台通信计算机的制造时间打破了纪录，并最终成为首台一次性通过NASA协议测试的自制低成本计算机。为此，NASA的官员不得不在开会时一次次念着"布谷""布谷"。几个月后，沃森和其他工程师又开发出了"龙"飞船的整套计算系统，并针对"猎鹰9号"的设计调整了技术。最终，这套航天电子设备系统的成本虽然超过了1万美元，但只超了一点点。

沃森在SpaceX最有名的发明之一，是霍索恩工厂三楼的测试台。SpaceX给所有要安装到火箭上的硬件和电子设备都做了测试版本，并把它们一一摆在了金属台上。实际上，公司已经将火箭的内部结构从头到尾复制，这样就可以进行数千次的模拟飞行了。只要在电脑上"发射"一枚虚拟火箭，感应器就能监测到

所有机械和计算设备的运行状况。工程师可以用指令打开一个阀门，然后检查阀门是否真的开启了，开启速度是多少，流向阀门的电流又是多大。这种测试方式可以让SpaceX的工程师在真正发射前先进行练习，并想办法解决各种可能遇到的问题。在实际飞行过程中，SpaceX会在测试台安排员工把"猎鹰"火箭或"龙"飞船出现的错误复现，并做相应的调整。就是靠着这套系统，SpaceX才能在火箭飞行期间不断做出改进。有一次，某个员工在发射前的几个小时发现软件文件中存在错误，于是工程师们对文件进行了修改，并检查了它对测试硬件的影响。在没有检测到问题的情况下，他们将新文件传送给正在发射台上等待升空的"猎鹰9号"，而所有程序耗时还不到30分钟。"NASA就没有这么快的速度了，"沃森说，"如果飞船出了什么问题，所有人都要停下来等3周，然后才会再次尝试发射。"

在SpaceX，员工们的指导原则就是：热爱工作，并把事情做好。那种习惯接受指导或等待详细指令的人在SpaceX是做不出成绩的，那些总是渴望得到反馈的人同样如此。而最不明智的做法莫过于告诉马斯克，他所要求的事情是根本做不到的。"埃隆会说：'好，那你退出项目吧，我来做项目负责人。我可以一边做你的工作，一边做两家公司的首席执行官，完成项目交付。'"布罗根说，"更要命的是，埃隆真的能做到。每次他把别人解雇并接管项目以后，不管是什么项目，他总能成功交付。"

有时，SpaceX 的文化会和 NASA、美国空军以及 FAA（美国联邦航空管理局）等组织性更强的机构发生冲突，每当此时，双方都会说出一些刺耳的言论。马斯克曾写了一张清单，上面记录着一名 FAA 员工在某次会议上的发言，马斯克觉得他的话很愚蠢，于是便把清单交给了那个人的上司。"然后他的笨蛋经理给我发了一封长长的邮件，说他在做飞船项目，负责过 20 次发射之类的，问我哪来的胆子去质疑他。"马斯克说，"于是我告诉这个经理：'他就是错了，我跟你重申一遍他错在哪儿。不仅如此，你也错了，我在这儿也讲讲你错在哪儿。'打那之后，他再也没有给我写过邮件。我们双方都在努力给航天工业带来巨大改变，如果被条条框框限制，无法取得进步，那就要打破规则。"

每当马斯克让别人感到不快时，格温·肖特韦尔就会出面平息矛盾。和马斯克一样，肖特韦尔的个性也很冲，但她还是心甘情愿地做了和事佬。凭借这种解决人际问题的能力，她承担起了 SpaceX 的日常运营工作，也让马斯克能够专注地处理公司的整体战略、产品设计、市场营销以及员工激励。和所有马斯克最信任的副手一样，肖特韦尔愿意将大部分时间投入幕后工作，做自己分内的事情，并专注于完成公司的目标。

肖特韦尔在芝加哥郊区长大，母亲是艺术家，父亲是神经外科医生。上学的时候，她是那种聪明漂亮的女孩，在学校取得了全 A 的成绩，还加入了啦啦队。那时她并没有对科学表现出强烈的兴趣,她只知道,工程师就是那种会开火车的人。不过种种迹象表明,她确实有点儿与众不同。她会在家里修剪草坪,还会帮着组装家里的篮球架。三年级的时候,肖特韦尔对汽车发动机有过三分钟热度,于是母亲给她买了本书,里面详细介绍了发动机的工作原理。后来,上了高中的肖特韦尔在某个周六的下午,应母亲要求参加了伊利诺伊理工大学的讲座。在其中一场座谈会上,一位50岁的女机械工程师吸引了肖特韦尔的目光。"她穿着漂亮的衣服,套装和鞋都是我喜欢的样子。"肖特韦尔回忆道。讲座结束后,她和那位工程师聊了起来,从而了解了工程师的工作内容。"就在那一天,我决定以后要当机械工程师。"

几年后,肖特韦尔拿到了西北大学的机械工程学士学位和应用数学硕士学位。毕业后,她加入了克莱斯勒汽车公司的管培生项目,这是一个为具备领导潜力的优秀应届毕业生准备的项目。肖特韦尔最开始进入的是汽车机械部,并在那里度过了愉快的时光,后来在各个部门轮岗。在参与发动机的研发工作时,肖特韦尔发现公司有两台价格不菲的克雷超级计算机闲置在那里,因为老员工都不会用。没过多久,她就在两台计算机上登录了,并在上面运行起计算流体动力学(CFD)程序,模拟各个阀门和其他组件的性能。这项工作引起了肖特韦尔的兴趣,但她并不喜欢当时的工作环境。在克莱斯勒这样的公司,事事都有规定,什么人能用什么机器也有一大堆规矩。"我用了一个工具,被人记了一笔；我开了一瓶液氮，又被记了一笔。于是我开始觉得，这份工作和我设想的完全不一样。"她说道。

就这样，肖特韦尔选择退出克莱斯勒的管培生项目，回家休整，然后快速攻读了应用数学博士学位。在重回西北大学校园的日子里，她从一位教授那里得知美国航空航天公司正在招人。这是一家家喻户晓的公司，也是一家为美国空军和NASA等联邦机构提供太空项目咨询服务的中立性非营利组织，早在1960年就在埃尔塞贡多建立了总部。单从名字上看，这家公司似乎乏善可陈，但实际上，它在过去几年里取得了突出的研究成果，并在很大程度上影响着那些高成本项目的进程。1988年10月，肖特韦尔进入美国航空航天公司，参与了多个项目。其中一个项目是要开发一套热力模型，用以展现航天飞机货舱内的温度波动对各种有效载荷设备性能的影响。她在美国航空航天公司工作了10年，作为一名系统工程师，她的技能在这段时间里不断提升。不过，最后她也终于和马斯克一样，对整个行业的效率低下忍无可忍。"我不明白，为什么制造一颗军事卫星需要花15年。"她说，"我的兴趣慢慢减弱了。"

在之后的4年里，肖特韦尔做了微宇公司（Microcosm Incorporated）的航天系统和业务拓展部门主管。这是一家初创公司，与美国航空航天公司在同一条街上。她坦率、聪明，谈吐自信，成了同事们眼中的销售女强人。2002年，同事汉斯·科尼格斯曼辞职去了SpaceX，肖特韦尔便带他去吃了一顿饯行午餐，并把他送到了当时还有些破烂的SpaceX总部。"汉斯让我进去见见埃隆，"肖特韦尔说，"于是我就去了。那时我对他说：'你需要一个能干的人帮你拓展业务。'"结果第二天，肖特韦尔就接到了玛丽·布朗的电话，电话中说，马斯克请她来面试新设立的业务拓展副总裁一职。就这样，肖特韦尔成了SpaceX的第七名员工。"我提前3周向微宇申请了离职，还重新装修了家里的浴室。因为我知道，去了SpaceX之后，我就没有什么私人生活了。"她说。

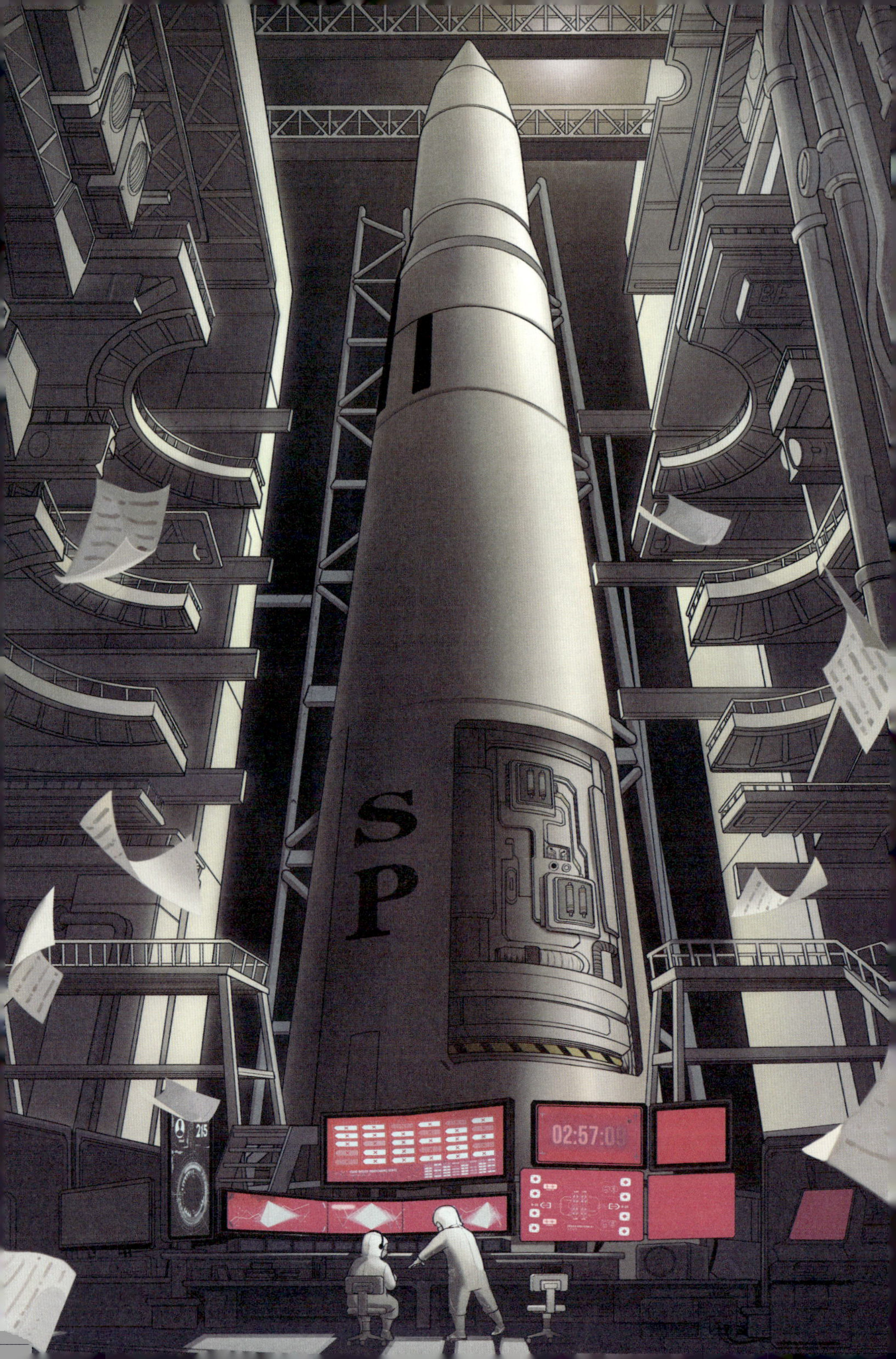
SP
02:57:09

第十四章
CHAPTER 14

"只要重新装载推进剂,
它就可以再次起飞。
如果还把用过的火箭和飞船丢掉,
我们就永远也不可能真正进入太空。"

SpaceX 越飞越高

格温·肖特韦尔是 SpaceX 的奇迹创造者。

实际上，SpaceX 在刚成立那几年没有什么可以销售的产品，第一次成功发射的时间比公司原计划的晚得多。这一路上经历的失败很让人沮丧，而且对业务造成了负面影响。尽管如此，在 SpaceX 把首枚火箭"猎鹰 1 号"送上轨道之前，肖特韦尔还是成功地为公司拿到了十多份发射订单，其中既有政府订单，又有商业客户的订单。她卓越的推销能力也让她在和 NASA 的谈判过程中拿下了对方的大额订单，从而让 SpaceX 挨过了最艰难的岁月，其中就包括 2006 年 8 月签订的那份总价为 2.78 亿美元的合同，合同中要求公司研发出向国际空间站运送物资的飞行器。一系列辉煌的战绩让肖特韦尔最终成为马斯克在 SpaceX 最亲密的好友。2008 年年末，她成为公司的总裁兼首席运营官。

在会议上对全体员工发表讲话或在招聘宣讲会上说服人们加入 SpaceX 尽情施展才华时，肖特韦尔也会变得平易近人、和蔼可亲。在一次实习生会议上，肖特韦尔把大约一百名实习生叫到了餐厅角落，手里拿着话筒，在这群人前踱来踱去，问他们上过什么学校，在 SpaceX 做的是什么项目。从学术水平来看，这群学生可谓全世界最优秀的年轻人。他们向肖特韦尔提出了各式各样的问题，而她则不断强调，相较传统航天公司，SpaceX 结构更精简，创新性也更强。"竞争对手们……害怕我们。"肖特韦尔说。

她还提到，SpaceX 最大的目标之一就是尽可能多完成几次发射。公司从没打算每发射一次就大赚一笔，它更愿意每次只赚一点儿，从而能够不断接到发射订单。"猎鹰 9 号"每次的发射成本是 6 000 万美元，公司希望它能降到 2 000 万美元左右。SpaceX 曾向国际空间站发射过 4 艘"龙"飞船，并完成了 9 次"猎鹰 9 号"发射任务，5 次"猎鹰 1 号"发射任务，共花费 25 亿美元。业内其他机构根本无法理解，为什么 SpaceX 可以把每次发射的单价降到这么低，更别提把这么低的成本设为目标了。"我也不知道其他机构都把钱花到哪儿去了。"肖特韦尔说。

而谈到 SpaceX 最宏大的使命时，肖特韦尔才真正进入状态，并让实习生们也深受鼓舞。他们当中显然有人梦想成为航天员，于是肖特韦尔告诉他们，NASA 已经削减了航天员的数量，所以现在，为 SpaceX 工作无疑是他们进入太空的最好机会。她还补充说，马斯克已经把航天服的设计工作当成了他的首要任务，他不要原来那种鼓鼓囊囊的航天服，而要设计得非常时尚。"我们的航天服不能又笨又丑，"肖特韦尔说，"你们得设计出更好的。"而航天员的目的地也有很多种：可以选择太空栖息地（目前正在建设），也可以选择月球，当然还可以选择火星。SpaceX 已经开始对大型火箭——"猎鹰重型"运载火箭展开测试，它在太空中的航行距离比"猎鹰 9 号"远得多，另外，一艘更大的宇宙飞船也正在研发当中。"'猎鹰重型'运载火箭还没法儿将一大批人运到火星，"她说，"所以在它面世之后还会生产别的产品。我们正在为之努力。"

肖特韦尔还说，为了让这一梦想变为现实，SpaceX 的员工需要有干劲、讲效率。"你们的产出要高。如果有人把一堆'垃圾活儿'丢到你们面前，你们就要直截了当地提出来。别的公司可能不喜欢这样的员工，但我们喜欢。"如果有人觉得这话不太中听，那也没有办法。在肖特韦尔看来，商业太空竞赛的范围正在缩小，目前只有 SpaceX 和中国在互相竞争。若是从更长远的角度来看，这项竞赛关乎人类的存亡。"如果你憎恨人类，觉得人类灭绝没什么大不了，那么……就别去太空了。"肖特韦尔说，"但如果你觉得人类还是应该进行一些风险管理，寻找第二个生存的家园，那么你就应该关注太空飞行问题，并且要舍得为此花钱。我非常确定，SpaceX 一定会被 NASA 选中，向火星运送着陆器和探测车。然后公司的首要任务就变成向火星投放大量物资，这样人类在未来登陆火星后就有地方住，有东西吃，有事情做。"

除了 SpaceX，美国的其他火箭发射机构已经不具备和其他国家竞争的优势。在美国国内的军用卫星等大型有效载荷发射领域，SpaceX 的主要竞争对手是联合发射联盟（ULA），这是一家在 2006 年由波音和洛克希德·马丁成立的合资企业。当时，美国政府提供的太空业务满足不了两家公司的需求，而将波音和洛克希德·马丁的研究与制造板块合二为一，就可以提高发射的安全性，同时降低发射成本。联合发射联盟由此成立。虽然该企业的可靠性在业内堪称典范，但它在价格上远远无法和 SpaceX 竞争，也比不上俄罗斯和中国的企业。

更直白地说，联合发射联盟已经变成了一个令美国尴尬的存在。2014 年 3 月，美国政府召开了一次听证会，对 SpaceX 接受更多政府年度发射任务的要求进行了讨论。在听证会上，时任联合发射联盟首席执行官的迈克尔·加斯与马斯克展开了对峙。会上播放的一张张幻灯片显示，自从波音与洛克希德·马丁两家公司形成垄断之后，政府的火箭发射费用一路高升。根据马斯克在听证会上展示的计算结果，联合发射联盟每次发射的费用是3.8亿美元，而SpaceX只要0.9亿美元（实际上，公司的标准发射费用是0.6亿美元，之所以说费用为0.9亿，是因为政府对特别敏感的发射任务有某些额外要求）。马斯克指出，只要将SpaceX选为发射服务供应商，美国政府就能省下足够的钱去制造火箭所运载的卫星。在这番话面前，加斯的反驳显得苍白无力。

当时，由于俄罗斯对乌克兰采取了军事行动，美俄关系正处于高度紧张状态。马斯克指出，美国可能很快就会对俄罗斯实施制裁，而停止从俄罗斯采购航天器材也将成为制裁的一部分（后来的事实证明，马斯克的预测很准确，美国后来的确禁止了对俄罗斯火箭发动机的采购）。而联合发射联盟用来运载美国敏感军事设备的"宇宙神5号"火箭采用的正是俄罗斯发动机。"我们公司的'猎鹰9号'和'猎鹰重型'火箭都是地地道道的美国货，"马斯克说，"我们的火箭都是在加利福尼亚和得克萨斯自行设计制造的。"加斯板着脸反驳说，联合发射联盟已经订购了俄罗斯的发动机，供应周期为两年，而且公司已经买下了发动机设计图，并将其从俄文翻译成了英文。（听证会结束几个月后，联合发射联盟撤销了加斯的首席执行官职务，并与亚马逊公司首席执行官杰夫·贝索斯创办的火箭公司"蓝色起源"签署了协议，令其研发美国制造的火箭。）

美国政府也注意到了SpaceX自主研发的制造技术。举例来

说，SpaceX和波音两家公司一起拿到了NASA为期4年的合同，负责向国际空间站运送航天员。SpaceX将获得26亿美元的拨款，而波音则会拿到42亿，两家公司将会用这笔钱自主研发太空舱，并从2017年开始向国际空间站运送航天员。实际上，它们将会替换航天飞机，让美国恢复载人航天能力。"NASA对波音公司和SpaceX的要求是一样的，波音的技术略逊一筹，却还是能拿到将近两倍的拨款。我对此其实并不在乎。"马斯克说，"要想推进人类航天事业的发展，两家公司一起参与总比一家独大好。"

一直以来，SpaceX的发射能力以惊人的速度不断提高。2010年6月，"猎鹰9号"首次发射，并成功实现绕地飞行。2010年12月，SpaceX在一次试射任务中证明，"猎鹰9号"可以将一艘"龙"飞船送入太空，且返回舱可以在海上安全着陆并被回收。自此，SpaceX成为史上首家完成该壮举的商业公司。后来，在2012年5月，SpaceX迎来了自夸贾林环礁首次成功发射后，公司历史上最重要的时刻。

5月22日凌晨3点44分，一枚"猎鹰9号"火箭从佛罗里达州的肯尼迪航天中心起飞。这枚火箭把"龙"飞船送入了太空，然后飞船便开始了自主飞行。它缓缓张开太阳能电池板，并启动了18台"天龙座"推进器（也就是小型火箭发动机），将飞船送向国际空间站。在飞船飞行的3天里，SpaceX的工程师们轮班工作，有的干脆直接睡在工厂的简易床上。他们大部分时间都在观察"龙"飞船的飞行状态,监测传感系统对空间站信号的接收情况。按照原计划,"龙"飞船应该在25日凌晨4点左右与国际空间站对接,但随着飞船逐渐接近空间站,一道忽然出现的亮光不断干扰着激光对飞船与空间站间距的测算。"我记得当时足足折腾了两个半小时。"肖特韦尔说。由于一直担心任务中止,SpaceX决定向"龙"飞船上传新软件,对传感器所用的视框尺寸进行缩减,从而消除阳光对设备的影响。终于,在早上7点之前,"龙"飞船与国际空间站之间达到了可对接间距。航天员唐·佩蒂特用一根58英尺长的机械臂抓住了飞船的补给舱。

大约30人在控制室见证了飞船对接的瞬间。在接下来的几个小时里,员工们纷纷涌入SpaceX工厂,人人都沉浸在这一刻的喜悦和激动之中。SpaceX又创造了纪录,成为唯一一家实

在悬挂着"龙"飞船的霍索恩工厂,SpaceX的员工们紧盯着控制中心里的显示器屏幕。SpaceX供图

现空间站对接的私人企业。几个月后，NASA又为SpaceX拨款4.4亿美元，用于"龙"飞船的后续开发工作，旨在将其打造成载人航天飞船。

2014年5月，马斯克邀请媒体来到SpaceX总部，向他们展示了NASA的资金用途，并为第二代"龙"飞船揭幕。数百人来到霍索恩工厂，看着马斯克用拳头猛地敲开了飞船的门。他所展示的这艘飞船简直令人惊艳。以前那个逼仄的舱室不见了，取而代之的是7把外形纤细但十分坚固的座椅，其中4把靠近主控台，另外3把在后面呈一字排开。马斯克在飞船里走来走去，向大家展示宽敞的内部空间，然后扑通一声坐上了舱室中央的机长位。然后，他伸手打开了一个平板控制台，只见控制台缓缓滑落，

2014年，马斯克公布了一条大新闻：第二代"龙"飞船面世。这艘飞船配备了下拉式触摸显示屏，内部装饰非常漂亮。SpaceX供图

停在了第一排座位的正前方。终于有人按照电影中的样子，打造了一艘科学家梦寐以求的宇宙飞船。

第二代"龙"飞船光鲜的外表之下并不缺少真材实料。这艘飞船不需要机械臂的辅助就可以与国际空间站等太空栖息地自动对接，而且它的发动机"超级天龙座"也由SpaceX制造，是首台完全用3D打印技术制造并进入太空的发动机。它的诞生意味着发动机可以由一整块金属制造而成，因此其强度和性能应当

第二代"龙"飞船可以返回地球，并实现精准降落。SpaceX 供图

优于所有用零件焊接而成的产品。最令人难以置信的是，马斯克透露，有了"超级天龙座"发动机和推进器，第二代"龙"飞船可以缓慢着陆，降落在地球上的任何地方。以后飞船不必在海上降落，也不会再被废弃了。"21世纪的宇宙飞船就该这样降落。"马斯克说，"只要重新装载推进剂，它就可以再次起飞。如果还把用过的火箭和飞船丢掉，我们就永远也不可能真正进入太空。"

第二代"龙"飞船只是SpaceX继续并行开发的项目之一。对公司来说，下一个里程碑式的事件是"猎鹰重型"火箭的首次发射。SpaceX通过某种方法把3枚"猎鹰9号"组合成了一整支火箭，并采用27台"灰背隼"发动机驱动，使其成为世界上动力最强劲的火箭，能够将超过53吨的货物送上轨道。马斯克和穆勒的设计方案的天才之处在于，从"猎鹰1号"到"猎鹰重型"，不同的火箭可以重复使用相同的发动机，这样就节省了成本和时间。除此之外，SpaceX也在忙着从零开始建设太空港。SpaceX的太空港位于得克萨斯州的布朗斯维尔，公司希望在这里实现火箭发射流程自动化。从把火箭送上发射台，到加注燃料，再到发射升空，整个过程都无须人员参与，从而实现多次发射。

但在许多SpaceX员工的心中，还有一个问题一直在困扰着他们：这一切的辛苦付出，到底要到什么时候才能让他们得到丰厚的回报？SpaceX给员工开的工资不低，但也不算特别高。很多人都希望等到SpaceX首次公开募股的时候大赚一笔。到了那时，人人都可以向这家公司投资。而随着外部资金的涌入，公司的股价就会大幅上涨。这时候员工就可以随时卖掉自己的股份，并从中获利。

但问题是，马斯克不想在短期内公开出售公司的股份，这一点不难理解——当时在火星建立殖民地的商业模式尚未完全成形，所以要把整个项目向投资人解释清楚并不是一件容易的事。马斯克在一次会议上提到，公司上市的事情还要等几年，至少在火星移民计划的安全性得到保障之前不会上市。听到这番表态后，员工们开始抱怨。马斯克捕捉到了公司内部弥漫的不满情绪，于是给全体员工发了封邮件，他在邮件中写道："我现在越来越觉得，在火星移民计划就绪前让公司上市的做法并不可行。开发能让人类在火星生活的技术，自始至终都是SpaceX的根本目标。如果公司上市后，实现目标的可能性会变得更低，那么我们就不该在火星移民计划的安全性得到保障之前完成上市。"

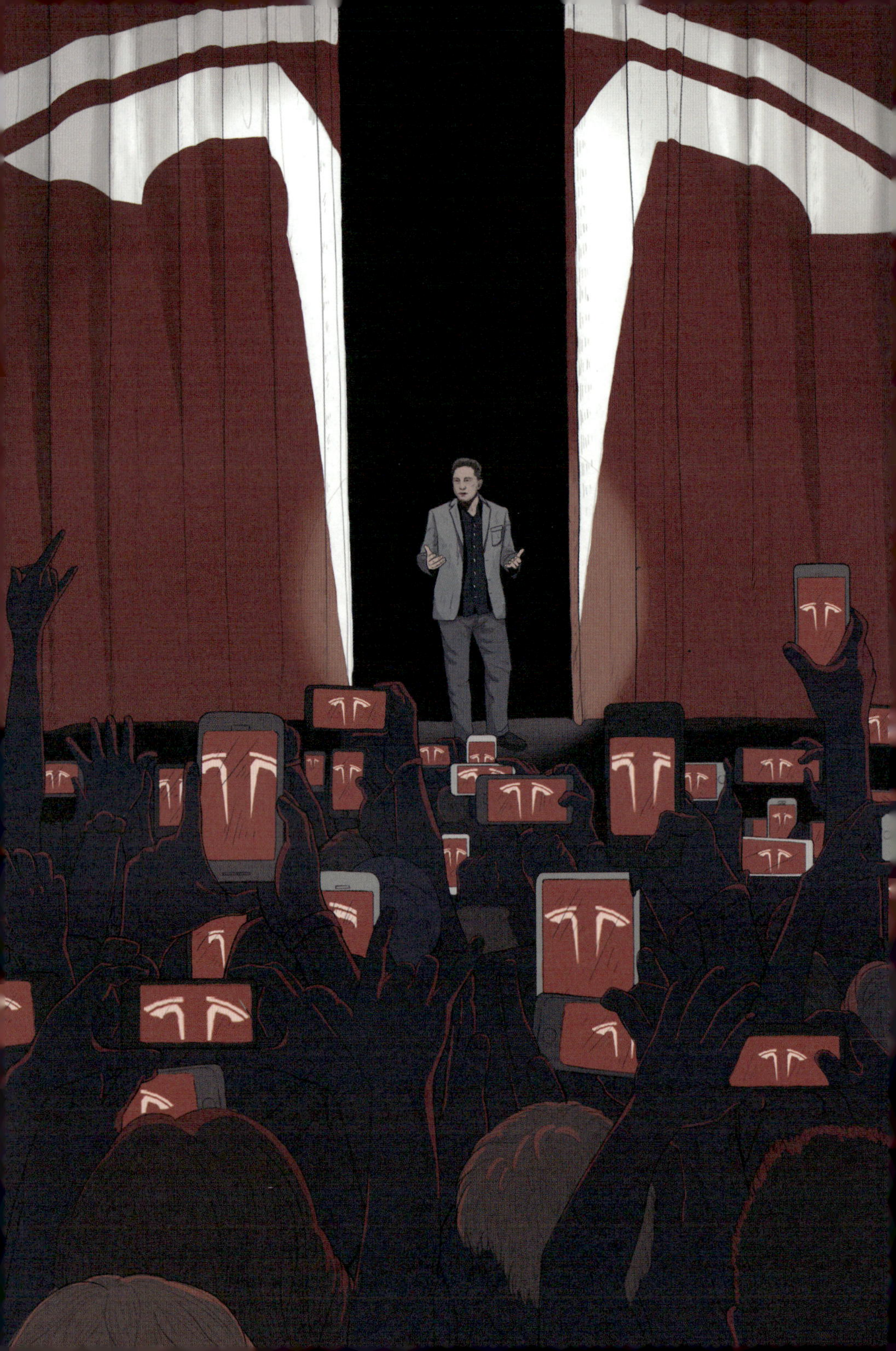

第十五章

CHAPTER 15

马斯克彻底颠覆了人们数十年来
对电动车的负面看法。
Model S 不只是最好的电动车,
也是当时最好的汽车,
更是人人都想拥有的一款车。

电动车卷土重来

2012 年年中，特斯拉汽车公司开始将 Model S 轿车推向市场，这让竞争对手们震惊不已。这款纯电动豪车充一次电可行驶 300 多英里，4.2 秒就能从起步加速到 60 英里/时。如果在后部使用 2 个后向式儿童座椅，一车就可以坐下 7 个人。它有两个后备箱，一个是标准后备箱，另一个则在车体前部，特斯拉管它叫"前备箱"，也就是传统轿车用来放置大体积燃气发动机的地方。Model S 靠安装在底盘上的电动电池包和后轮之间的一台西瓜大小的电机驱动。没有了传统发动机，也就摆脱了发动机产生的噪声,这让 Model S 开起来非常安静。与其他豪华型轿车相比,特斯拉的产品在原始速度、驾驶里程、可操控性和存储空间方面都处于领先地位。

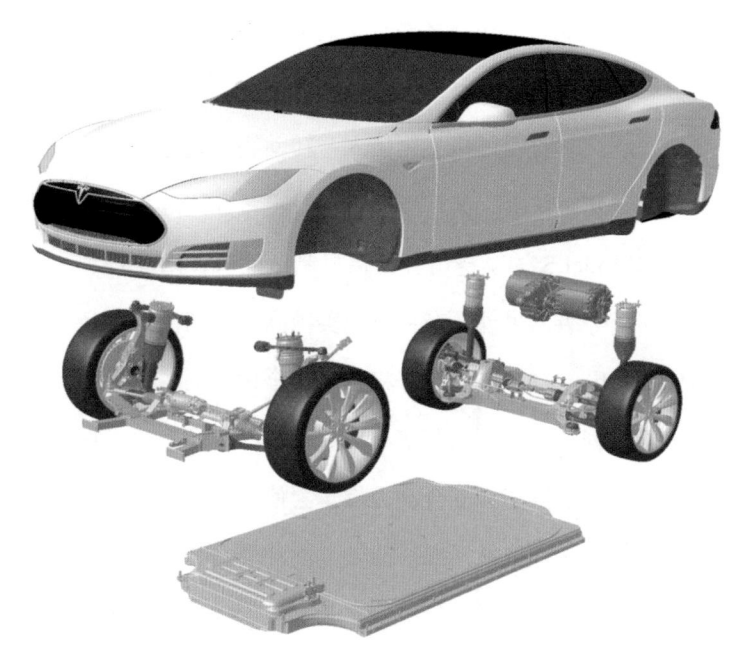

特斯拉 Model S 构造示意图。电机位于车身后部,电池包位于底部。
特斯拉供图

Model S 的优势不止这些,车门上的银色把手也设计得非常精巧。在非使用状态下,把手会嵌入车门,和车身浑然一体;等司机走近时,它就会自动弹出,方便开门上车;待人上车后,它会自动缩回。坐进车里之后,司机会看到一面 17 英寸的触摸屏,通过屏幕可以调用轿车的大部分功能。无论是调高音响音量,还是开启天窗，只要手指轻轻一滑就能轻松实现。为了减少车内的发动机噪声，同时安置各式各样的显示器与按钮，大多数汽车都会设计大块的仪表盘，而通过使用触摸屏，Model S 为司机留出了十分宽敞的空间。除此之外，这辆车始终处于联网状态，司机只要触摸屏幕便可在线收听音乐，或者调出巨大的谷歌地图进行导航。发动汽车时，司机不用插入并转动钥匙，也不用按点火按钮，只要坐到座位上，就可以通过自身重量和钥匙里的传感器发动汽车。Model S 的车身由轻型铝材制造而成，因此达到了史上最高的安全等级。另外，车主可在美国高速公路沿线的特斯拉充电站免费充电，且未来该服务将推广到全世界。

对于工程师和环保爱好者来说，Model S 代表了一种全新的效率模式。传统汽车和混合动力汽车会使用成百上千个移动部件。内燃式发动机必须依靠活塞、曲轴、滤油器、交流发电机、风扇、配电器、阀门、线圈以及气缸等多个机械部件实现持续可控的爆燃；发动机产生的动力必须通过离合器、齿轮和传动轴传导至车轮处，从而实现车轮的运转；汽车产生的废气则要通过排气系统进行处理。

然而事实证明，传统汽车将燃烧汽油产生的能量转化为车辆动能的效率并不尽如人意。在燃烧的汽油中，真正用来驱动车辆前行的只占 10%~20%，大部分（约 70%）的能量都在发动机内以热能的形式消耗了，而其余部分则由于制动和对抗风阻等机械功能而流失。相比之下，Model S 的移动部件只有十几个，因为它的电池包会直接把能量传送给小型电机，由电机直接带动轮胎转动。所以 Model S 的总体能量转化效率约为 60%，其余能量大部分以热能形式损耗，Model S 相当于每燃烧 1 加仑[①]汽油就可以行驶 100 英里。

除此之外，Model S 的与众不同之处在于它带给顾客的购物与售后体验。顾客不需要再去找经销商，也不需要面对过分热情的推销员，因为特斯拉直接在自己的专卖店和网站销售 Model S。通常情况下，这些门店位于高端商场或富人区，而且和特斯拉所效仿的苹果专卖店距离不远。顾客一走进店里，就可以在正中间看到一辆 Model S，店面后方通常还摆放着这款车的底盘，其中展现了底盘的内部构造，让人们可以看到里面的电池包和电机。店里还有几块巨大的触摸显示屏，顾客可以在上面算出改用纯电动车后省下的油费，也可以在上面为他们未来的 Model S 配置附加组件。完成配置后，顾客在屏幕上用力一滑，刚配置好的 Model S 就会像变戏法一样出现在店面中心一块更大的屏幕上。如果想去店里展出的模型车里坐坐，销售人员就会撤下驾驶座车门旁边的红丝绒围绳，让你坐进车里。特斯拉的销售人员不从交易中拿回扣，也不看销售业绩，所以他们不会卖力地向你推销一

---

① 1 美制加仑约为 3.79 升。——编者注

堆附加设备和服务。

不管你的车是在实体店买的还是在网店买的，特斯拉都会把它送到你家门口、办公室门口或者任何你指定的地方。顾客也可以选择从硅谷的工厂直接提车，还可以带着亲朋好友去工厂免费参观。在交车后的几个月里，顾客根本不用更换机油，也不用调整发动机，因为 Model S 根本用不上这些，它已经彻底摒弃了内燃机车的种种陈旧的机械标准。不过，如果车辆真的出了故障，特斯拉就会上门取车，并在维修期间提供借车服务。

Model S 也为量产汽车提供了一种全新的售后思路。在上市早期，曾有部分车主由于某些小故障投诉特斯拉，比如门把手没有完全弹出，或者雨刷摆动的节奏异常，等等。像 Model S 这样价格不菲的汽车根本不该出现这种问题，不过特斯拉还是能巧妙而高效地一一解决：就在车主睡觉的时候，工程师会通过互联网进入故障车辆系统，下载更新软件。等车主早上把车开出去的时候，就会发现故障已经奇迹般地被修复了。

很快，特斯拉就开始展现其修复故障之外的软件技能。公司推出了一款智能手机应用程序，车主可以用它遥控打开车上的空调或暖气，也可以在地图上查看停车位置。特斯拉还开始对软件进行升级，从而为 Model S 添加了新功能。一夜之间，Model S 的充电速度比原来快了很多，语音控制范围也更广了。特斯拉把汽车变成了一种小家电，一件购买之后还会不断升级的设备。正如 Model S 最早的客户之一、率先解码人类 DNA（脱氧核糖核酸）的著名科学家克雷格·文特尔所说："它掀起了交通工具的革命，是一台带轮子的电脑。"

硅谷的技术狂人们最先注意到了特斯拉的成就。这里到处都是愿意尝鲜的人，他们喜欢购买最新发明，并且能够忍受产品的瑕疵。通常情况下，这些人愿意尝试的是那种 100 到 2 000 美元不等的计算机，而这一次，他们不仅愿意花 10 万美元买一个可能根本用不了的产品，还把自己的身家性命交给了一家创业公司。特斯拉早期正需要这些人的支持来提振信心，而到后来，它的销售范围拓展到了人们先前未曾设想的程度。在开售之后的头几个月里，旧金山及其周边城市的大街上每天会跑着一两辆 Model S，后来就变成了一天 5~10 辆。没过多久，它似乎就成了硅谷核心地带最常见的汽车，也变成了科技富豪们的终极身份象征，他们可以开着 Model S 到处炫耀，在得到一台"小设备"的同时，还可以宣称自己在为环保做贡献。从硅谷到洛杉矶，Model S 的旋风逐渐刮遍了美国西海岸，甚至蔓延到了华盛顿特区和纽约。

起初，其他汽车制造商只把 Model S 当作一个噱头，觉得它的销量飙升只是一时流行的狂热。然而，他们很快就从轻蔑变成了近乎恐慌的状态。2012 年 11 月，在进入市场短短几个月后，Model S 就被《汽车潮流》杂志评为年度汽车，当时，评委们一致投票给 Model S，这成为史无前例的里程碑事件。它的手下败将包括来自保时捷、宝马、雷克萨斯和斯巴鲁等公司的11辆候选车，还被誉为"美国仍能制造出伟大产品的证明"。几个月后，《消费者报告》给Model S打出了史上最高的汽车评分——99分（满分为100），并宣称它可能是迄今为止制造得最好的汽车。也是在那时，Model S的销量开始飙升，通用汽车公司等许多汽车制造商为此还组建了一个团队，专门研究Model S、特斯拉以及马斯克做事的方法。

特斯拉自2008年以来取得的成就确实值得深思。马斯克曾说要制造一款完全由电力驱动的汽车，他做到了，而且彻底颠覆了人们数十年来对电动车的负面看法。Model S不只是最好的电动车，也是当时最好的汽车，更是人人都想拥有的一款车。自1925年克莱斯勒诞生之后，美国再也没出现过一家成功的汽车公司。硅谷此前极少涉足汽车行业，马斯克也没有经营过车厂。然而，在Model S开售一年后，特斯拉卖出的每辆车都可以赚钱，每个季度的销售额都能达到5.62亿美元。这家成立没几年的小公司，价值堪比日本最大、最知名的汽车制造商马自达。可以说，马斯克打造了汽车行业的iPhone。

那些老牌汽车公司被打了个措手不及，不过这情有可原，毕竟这么多年以来，特斯拉看起来就像一个彻彻底底的失败者，好像什么事情都做不成。

直到2009年年初，特斯拉才解决了Roadster背后的制造工

2012 年，特斯拉将 Model S 推向市场。
这款车最终荣获了汽车行业大部分的重要奖项。特斯拉供图

艺问题，并凭借这款跑车实现了真正的快速发展。然而，就在公司竭尽全力地为 Roadster 造势时，特斯拉再度陷入困境。于是马斯克给顾客们发了一封邮件，宣布了汽车涨价的消息。Roadster 的原定售价在 9.2 万美元左右，此时却要涨到 10.9 万美元。马斯克在邮件中称，那 400 名已经订购 Roadster 但未收货的顾客将首当其冲，需要补齐差价。

马斯克认为，公司除了涨价，别无他法。Roadster 的制造成本已经超出了公司最初的预算，而且特斯拉需要证明自己可以通过汽车赢利，这样才更有可能拿到政府的大额贷款，从而建造 Model S 的生产工厂。"我确信该方案……是一个合理的折中方案，既能让早期顾客得到公平对待，又能让特斯拉生存。这样做

显然对所有顾客都是最有利的。"马斯克在邮件中写道,"为大众打造电动车,是特斯拉在成立之初就定下的目标。我不想偏离这一初衷,我相信特斯拉的广大顾客也不希望我们与最初的目标背道而驰。"虽然部分顾客确有不满,但马斯克基本读懂了他们的心思。他们会支持马斯克的所有决定。

提价之后,特斯拉又对产品进行了一次安全召回。理由是:Roadster 的底盘制造商路特斯公司在进行装配时,有一颗螺栓没拧紧。幸运的是,特斯拉当时只交付了大约 345 辆车,这也就意味着问题尚在可控范围之内,可以得到解决。但话说回来,汽车创业公司最不想做的就是对产品进行安全召回。而到了下一年,特斯拉再次将产品主动召回,因为公司收到的报告显示,有根电线会摩擦车身,导致短路和冒烟。这一次,特斯拉对 439 辆车进行了维修。在出现问题后,特斯拉尽全力挽救自己的声誉,承诺会上门维修或主动取车返厂。打那以后,每当特斯拉遇到问题时,马斯克都会找到合适的理由,彰显公司对服务的重视以及对客户负责的态度,而且基本屡试不爽。

经过一番努力,特斯拉终于勉强活了下来。从 2008 年到 2012 年,公司售出了大约 2 500 辆 Roadster。这款车实现了马斯克最初的目标,证明电动车也能带来驾驶乐趣,并成为人们想要拥有的产品。

尽管 Roadster 的制造之路充满艰辛,但一路走来,马斯克

也激动不已,他想要看看毫无根基的特斯拉究竟能生产出什么样的汽车。公司的下一款产品代号为"白星",它不会是基于其他汽车的改装版本,而是要从零开始,将电动车技术应用到极致。举例来说,受路特斯 Elise 底盘的限制,Roadster 只能把电池包放置在靠近车尾的位置。这样的结构虽然不会造成太大问题,但由于电池自身也有一定分量,这种设计就不算是最优方案。而对于"白星",也就是后来的 Model S 的设计,马斯克和特斯拉工程师一开始就决定把 1 300 磅重的电池包放在车身底部,这样就能降低车体重心,操作起来也会更加灵便。

不过,让 Model S 大放异彩的不只是它的机械设计。除此之外,汽车的外观是马斯克想要大做文章的地方。没错,Model S 是一款轿车,但不是普通的轿车。它兼具舒适与奢华两大特点,而与 Roadster 不同,特斯拉不会再在 Model S 的设计上做出任何妥协。

对于大型汽车公司而言,一款新车从设计到上市可能要花费 10 亿美元,而且需要数千人参与,但特斯拉在制造 Model S 时没有这样的资源。按照"白星"项目前副总裁罗恩·洛伊德的说法,特斯拉最初的目标是每年生产约 1 万辆 Model S,为此定下的预算约为 1.3 亿美元,这些资金主要用于汽车的设计制造,以及购置冲压车身部件所需的制造设备。"埃隆极力要求大家做到的一件事就是,尽可能在公司内部完成生产。"洛伊德说。缺少研发资金，特斯拉便去招聘杰出人才，这些人才的思维能力和工作能力比其他汽车公司赖以生存的供应商更胜一筹。"我们常说，一个出色的工程师抵得上三个普通工程师。"洛伊德说。

一支特斯拉工程师小队采购了一辆奔驰 CLS 四门轿跑车，把它当作未来 Model S 的实验模型。他们把这辆车送到了特斯拉在硅谷的研发中心，拆成了一堆零件。然后，工程师们把 CLS 的底盘切了下来，并将一个扁平的电池包放入其中。接着，他们把连接整个系统的电子设备放进后备箱，之后更换了汽车内饰，使其表面恢复平整光洁的状态。经过 3 个月的努力，公司实际上制造了一辆纯电动版奔驰 CLS。

特斯拉用这辆车给投资人和未来的合作伙伴留下了深刻的印象，其中就包括著名德国车企戴姆勒。该公司旗下有诸多汽车品牌，其中一个就是奔驰，后来奔驰还向特斯拉求助，希望能在他们的汽车上使用特斯拉的电动传动系统。特斯拉团队会时不时地把这辆车开上公路，它比 Roadster 更重一些，但速度还是很快，充一次电大概能跑 120 英里。为了保密，工程师又把排气管末端焊回了车上，这样它看起来就和其他的 CLS 没什么两样。

就在这时，也就是 2008 年夏，富有艺术气息的汽车爱好者弗朗茨·冯·霍兹豪森加入了特斯拉，他的工作是对原型车到 Model S 初版车型的过渡进行全程把控。

冯·霍兹豪森从小就喜欢琢磨汽车，也喜欢画汽车。1992 年，

他从洛杉矶的艺术中心设计学院毕业，并开始在大众汽车公司工作，在这里，他加入了最令人兴奋的项目——设计绝密的新款甲壳虫汽车。"那段时间过得真有意思，"冯·霍兹豪森说，"全世界只有 50 个人知道我们在做这个项目。" 1997 年，大众发布了"新甲壳虫"汽车，这款产品的外观吸引了公众的目光，也改变了人们对大众品牌的看法，而冯·霍兹豪森有幸亲眼见证了这一切。他说："大众品牌从此走上重生之路，而设计也得以重新成为大众汽车产品组合中的重要一环。"

冯·霍兹豪森在大众工作了 8 年，在公司设计团队中步步高升，也逐渐爱上了南加州的汽车文化。洛杉矶对汽车的热爱由来已久，几乎所有的大型汽车制造商都在这里成立了设计工作室。正是有了这些工作室，冯·霍兹豪森才能从大众跳槽到通用汽车公司，接着来到马自达，并在那里担任设计总监一职。

一遇到自由奔放、富有创造力的冯·霍兹豪森，马斯克就立刻开始劝说他加入特斯拉。两人一起参观了 SpaceX 在霍索恩的工厂，又去了特斯拉在硅谷的总部。两个地方都是一团乱，充斥着创业公司独有的凌乱感。于是马斯克开始施展个人魅力，劝冯·霍兹豪森说，现在有一个塑造汽车行业未来的机会，这个千载难逢的机会绝对值得他离开现在这家已经证明了自身实力的大公司，告别这份舒服的工作。

"我和埃隆开着 Roadster 去兜风，路上的人都在打量它。"

冯·霍兹豪森说，"我知道自己可以在马自达待上10年，过舒服的日子，也可以放手一试，加入这家新公司。特斯拉没有历史，没有包袱，有的只是用产品改变世界的愿景。谁会不想加入呢？"

冯·霍兹豪森知道投身创业公司有风险，但他在2008年8月加入特斯拉时，并不知道这家公司正濒临倒闭。在马斯克的哄骗下，冯·霍兹豪森放弃了安稳的工作，来到了一个"鬼门关"。但从很多方面来看，当时的冯·霍兹豪森在职业道路上所寻找的正是这样的挑战。特斯拉给人的感觉不像汽车公司，而像是一群人在追逐一个伟大的梦想。"对我来说，这种工作很让人兴奋。"他说，"就像一次车库试验，能让汽车重新变得时髦。"这里没有西装革履的精英，有的只是精力充沛的技术狂人，他们好像并不觉得自己的目标几乎不可能实现。马斯克的存在给特斯拉增添了活力，也让冯·霍兹豪森相信，特斯拉的确有能力打败规模更大的竞争对手。"埃隆总有超越当下的远见。"他说，"看得出来，他总能比别人看得更远，而且会全身心投入我们的事业。"

冯·霍兹豪森同意加入特斯拉后，公司就立刻开始了相关工作，努力地把他对Model S的构想变成现实。为了节省开支，马斯克把特斯拉的首个设计室建在了SpaceX的工厂里。冯·霍兹豪森团队的几名成员选了一个角落，在这里搭起了帐篷，将自己的办公区与外界隔开，从而提高保密性。和马斯克手下的很多员工一样,冯·霍兹豪森要自己布置办公室。于是他去宜家买了几张桌子,又去艺术品商店买了纸和笔。

就在冯·霍兹豪森开始绘制 Model S 的外观草图时,特斯拉的工程师已经开始打造另一辆电动 CLS 了。他们把这辆 CLS 拆得只剩核心,卸下了所有的车身结构,把轴距拉长 4 英寸,以贴合早期 Model S 的设计规格。参与 Model S 项目的所有成员进度都很快。在 3 个月左右的时间里,冯·霍兹豪森基本完成了任务,今天我们看到的 Model S,95% 的设计工作都是在那时完成的。与此同时,工程师们也开始围绕车身框架打造原型外观。

在此期间,冯·霍兹豪森和马斯克每天都会就设计事宜进行沟通。他们的工位离得很近,两个人相处起来也自然融洽。马斯克说,他想借鉴阿斯顿·马丁和保时捷的设计风格,并且要设置一些特殊的功能,比如,他坚持要把汽车设计成七座。冯·霍兹豪森觉得轿车很难设计成这样,但他理解马斯克的需求。"他有 5 个孩子,所以他想设计出那种家庭用车,而且他知道别人也会有这种需求。"冯·霍兹豪森说。

除此之外,马斯克想在车里放上一块大面积的触摸屏,这一创意比 iPad 还早了几年。那时,人们偶尔会在机场或购物亭看到触摸屏,但它们的使用体验大都很糟糕。但在马斯克看来,iPhone 及其触摸功能的诞生显然可以证明,这种技术很快就会普及。他要生产出一种类似于大号 iPhone 的系统,用它来调控

2008 年，马斯克聘请弗朗茨·冯·霍兹豪森设计特斯拉 Model S 轿车。两人几乎天天碰面，图为两人在 SpaceX 马斯克的办公室开会
© 史蒂夫·尤尔韦松

汽车的大部分功能。为了找到合适的屏幕尺寸，马斯克和冯·霍兹豪森常常坐在骨架车里，抱着不同尺寸的笔记本电脑，横过来竖过去地比量，寻找最佳的位置和大小。最后，两人决定选择竖直的 17 英寸屏幕。按照法律规定，Model S 仍然采用实体按钮来完成打开手套箱和应急灯的操作，除此之外，所有操作都可以在触摸屏上完成。

由于汽车底部的电池包非常重，所以马斯克、设计师和工程师一直在想办法从其他地方为汽车减重。马斯克选择用轻型铝材代替钢材来制造车身，这样就从很大程度上解决了车重问题。

"除了电池包，汽车的其他部分必须比同体积的燃油车轻，这样一来，自然就要打造全铝车身。"马斯克说。

然而，全铝车身也存在很大的问题。当时北美的汽车制造商几乎没有用铝材制造车身面板的经验。铝在用大型金属压力机加工时容易撕裂，还会产生像皮肤萎缩纹一样的纹路，所以在喷漆时就很难保证车身表面的光滑。

特斯拉内部员工也曾反复劝说马斯克放弃制造全铝车身，但他觉得铝材是唯一合理的选择，决不让步。最后特斯拉团队只好尽力去寻找解决办法。"我们知道公司一定能做出全铝车身，"马斯克说，"问题在于制造的难度和要花多少时间才能解决问题。"

在 Model S 的设计过程中，几乎所有重大决定都会遇到类似的挑战。"刚打算安装触摸屏时，就有人过来说：'汽车供应链上没有这样的东西。'"马斯克回忆道，"我说：'我知道。那是因为之前从来没人把触摸屏……装在车里。'"在他看来，生产 17 英寸的笔记本电脑屏幕，对电脑制造商来说简直是轻车熟路，所以他希望这些制造商能够同样轻松地帮 Model S 打造一块屏幕。"他们生产的笔记本电脑非常坚固耐用，"马斯克说，"哪怕掉在地上或被太阳暴晒也不会损坏。"

在和笔记本电脑供应商沟通后，特斯拉的工程师回来报告说，电脑的温度和振动荷载似乎并不符合汽车的标准。马斯克在深入研究后发现，汽车内的温度波动很大，而之前从没有人在这种更为严苛的汽车环境中对笔记本电脑屏幕进行过测试。于是特斯拉便开展了相关测试，最终发现，电子设备可以在车内正常运行。另外，公司开始与亚洲制造商合作，共同完善其触摸屏技术。"我坚信，我们最后一定能生产出世界上绝无仅有的 17 英寸触摸屏。"马斯克说，"包括苹果公司在内，所有电脑制造商都没做出过这样的产品。"

为了加快 Model S 的设计进度，有的工程师会忙上一整天，然后到晚上 9 点，会有另一批人接着来公司工作一整夜。这两批人都只能挤在 SpaceX 的地板上那顶 3 000 平方英尺的帐篷里。"SpaceX 的员工特别尊重我们，既不多嘴也不偷看。"总工程师之一阿里·贾维丹说。在冯·霍兹豪森提交设计规格的同时，工程师们在制造原型车身。每周五下午，人们都会把制造出来的成果搬到工厂后面的院子里，马斯克会在那里检验成果并给出反馈意见。为了进行车身测试，车辆会装上重物来模拟 5 位乘客，然后在工厂里绕圈，直到过热或抛锚为止。

随着冯·霍兹豪森对特斯拉财务困境的了解不断深入，他让 Model S 公开亮相的愿望越来越强烈。"当时公司状况非常不稳定，我不想错失良机，只想尽快完成产品，并把它展示给全世界。"他说。2009 年 3 月，在冯·霍兹豪森入职 6 个月后，机会终于来了。特斯拉在 SpaceX 举办了一场新闻发布会，为公众揭开了 Model S 的神秘面纱。

在一大堆火箭发动机和铝材中间，摆放着特斯拉向大家展示的灰色 Model S 轿车。从远处看，这款展出的车型非常精致华丽，媒体也在当天报道，这辆车是阿斯顿·马丁和玛莎拉蒂的完美结合。但实际上它是勉强拼装起来的，媒体不知道的是，这辆车仍然沿用奔驰 CLS 的基本结构，而整个前备箱盖和部分车身面板则是用磁铁吸在车架上的。受邀出席发布会的特斯拉车主布鲁斯·利克说："前备箱盖一下子就能滑下来，并没有真正安装上去。"

在发布会开始前几天，几位特斯拉工程师为车辆试驾环节提前做了练习，从而确定新车在过热前可以行驶多久。虽然发布会并不完美，但马斯克还是达到了自己的目的。这次发布会让公众重新意识到，特斯拉有普及电动车的可靠计划。另外，与通用和日产等大型汽车制造商相比，特斯拉汽车在设计和续航能力方面也有更远大的目标。

不过，现实总是不尽如人意。特斯拉要把 Model S 从展览用的道具变成可出售的成品汽车，成功的概率微乎其微。公司知道怎样才能达成这一目标，只是没有多少钱，也没有能大批量生产车的工厂。制造一辆整车，需要先用下料机将铝板切割成合适的尺寸，铸造成车门、前备箱盖和车身面板；然后，要用大型冲压机和金属模具把铝板精确地弄弯成需要的形状；接着要用数十个机器人辅助组装汽车，精密金属加工也需要用到计算机控制的铣床，另外，喷涂设备以及大量测试用的机器必不可少。这些总共要耗费数亿美元，而除此之外，马斯克得雇用上万名工人。

马斯克一直对机器人很感兴趣，总是会去评估 SpaceX 和特斯拉工厂里的新机器 © 史蒂夫·尤尔韦松

和 SpaceX 一样，马斯克希望特斯拉也能尽量自主制造汽车，但高昂的成本限制了公司的发展。"我们原本只打算做最后的组装。"特斯拉的业务拓展副总裁迪尔米德·奥康奈尔说。按照原计划，会有合作伙伴为特斯拉制造车身部件，完成焊接和喷漆程序，最后把所有部件成品运到特斯拉，由工人们将部件组装成整车。特斯拉先是提出，要在新墨西哥州的阿尔伯克基建立装配厂，

之后说要建在加州的圣何塞，但令两地政府官员失望的是，他们后来撤回了这些提议。公司在工厂选址问题上犹豫不决，也基本没有提高公众对特斯拉的生产能力的信心。

2006年，奥康奈尔加入特斯拉，帮助公司解决部分工厂和财务上的问题。2001年9月11日，纽约双子塔被飞机撞毁，那时奥康奈尔还在从事管理咨询工作。恐怖袭击发生后，奥康奈尔决定尽己所能，为国家服务。但当时他已经年近四十，无法应征入伍，于是他把注意力转移到了国家的安全工作上。为了找到一份合适的工作，奥康奈尔在华盛顿特区的各个办公室之间辗转奔波，却总是一无所获。直到后来，终于有人耐心听完了他的自荐，这个人就是负责政治军事事务的助理国务卿林肯·布卢姆菲尔德。当时，布卢姆菲尔德正需要人来帮他安排中东军事任务的优先级，同时合理安排各个岗位的人员。在他看来，拥有管理咨询经验的奥康奈尔很适合这份工作。于是，奥康奈尔就成了布卢姆菲尔德的总参谋长，负责处理贸易谈判、在巴格达设立大使馆等各种棘手问题。在拿到安全许可后，奥康奈尔还可以查阅情报人员和军人收集的伊拉克和阿富汗的军情日报。"每天早上6点，放到我桌子上的第一件东西就是前一晚的报告，上面记录着阵亡人员信息和死亡原因。"奥康奈尔说，"我总是在想，太荒谬了，我们去那里干吗呢？这不仅是伊拉克问题，也是全局问题。为什么我们国家要在中东投入那么多人力、物力和财力呢？"毫无疑问，答案就是为了石油。

于是奥康奈尔决定，为了国家，也为了刚出生不久的儿子，他要做出一次理性的选择，让美国减少对石油的依赖。他先对风能和太阳能行业进行了考察，但对二者的前景并不看好。后来，他在阅读《商业周刊》杂志时，偶然看到了一篇关于创业公司特斯拉的文章。于是他进入了特斯拉官网，看到了它的介绍："只做事，不空谈。""我给他们发了邮件，说自己有在国家安全领域工作的经验，而且非常希望减少美国对石油的依赖，但心里觉得没人会看我的邮件，"奥康奈尔说，"没想到第二天就收到了答复。"

马斯克把奥康奈尔招至麾下，并且很快就把他派往华盛顿特区打探消息，看看特斯拉能为制造电动车争取到什么类型的税收减免和退税优惠。与此同时，奥康奈尔还起草了一份申请，要求加入美国能源部的一项刺激计划，以争取公司急需的资金。特斯拉以为只要拿到1亿~2亿美元就够了，实则严重低估了制造Model S所需的最终成本。"我们当时太天真了，还在学习业务的阶段。"奥康奈尔说。

在2009年1月的贸易展上，特斯拉吸引了几家大公司的注意。没过多久，戴姆勒公司就表明了合作意向，说要看看电动的奔驰A级轿车是什么样子。该公司高管表示，他们要在大约一个月后到特斯拉访问，讨论合作提案的细节。特斯拉的工程师决定，要在他们造访前生产出两辆原型车，让他们大开眼界。在看到特斯拉做出的产品后，戴姆勒的高管为德国的一个测试车队订购了 4 000 个特斯拉电池包。等丰田公司造访时，特斯拉用同样的策略再次赢得订单。

同年 5 月，特斯拉开始越走越顺。Model S 已经公开亮相，之后，戴姆勒又以 5 000 万美元的价格收购了特斯拉 10% 的股份。两家公司还达成战略合作关系，由特斯拉为戴姆勒的 1 000 辆智能汽车提供电池包。"那笔钱很重要，在当时支撑我们走了很久。"奥康奈尔说，"一家发明内燃机的公司现在选择向我们投资，这也是对我们的肯定。这一刻对特斯拉而言意义非常深远，我敢肯定，有了这笔投资，美国能源部的人也会觉得我们在认真做事。这可不是我们公司的科学家在自卖自夸，是梅赛德斯-奔驰这么说的！"

果然，到 2010 年 1 月，能源部与特斯拉签订了 4.65 亿美元的贷款协议。这笔政府贷款的数额远远超出了特斯拉的预期，但汽车制造商推出新车，基本都需要 10 多亿美元，相比之下，这笔钱只是一小部分。所以，马斯克和奥康奈尔虽然很激动，但不确定特斯拉能否兑现这笔交易。或许特斯拉还需要幸运女神再一次的眷顾，让他们可以免费拿到一座工厂。而从某种程度上讲，2010 年 5 月，它确实又交到了一次好运。

Accelerating the global shift towards sustainable energ

Established in 2003
TESLA
American Electric Veicle and Energy Compa

Tesla is an electric vehicle and energy company headquartered in Palo Alto in the United States, with a market value of $1.03 trillion. [196] [367] Production and sales of electric vehicles, solar panels, and energy storage equipment. On July 1, 2003, it was co founded by Martin Eberhard and Marc Tarpenning.

第十六章

CHAPTER 16

马斯克成功地把特斯拉变成了一种生活方式。
特斯拉卖给用户的不只是一辆车,
更是一种形象,一种探索未来的感觉,
以及一种品牌与用户之间的纽带。

特斯拉做到了

Accelerating the global shift towards sustainable energy

Established in 2003
TESLA

American Electric Vehicle and Energy Company

Tesla is an electric vehicle and energy company headquartered in Palo Alto in the United States, with a market value of $1.03 trillion. [196] [367] Production and sales of electric vehicles, solar panels, and energy storage equipment. On July 1, 2003, it was co founded by Martin Eberhard and Marc Tarpenning.

  1984年,通用汽车和丰田汽车联合,在加利福尼亚州弗里蒙特市(位于硅谷郊区)的通用汽车装配厂旧址上建立了新联合汽车制造公司(NUMMI)。两家公司希望合资工厂能够整合美日两国最先进的技术,从而制造出质量更高、价格更低的汽车。后来这家工厂生产出了数百万辆汽车,但到2008年,经济危机爆发,通用汽车公司只能想方设法摆脱破产的窘境,于是在2009年,该公司决定放弃合资工厂,而丰田也紧随其后,表示要关闭整座工厂,最终导致5 000人失业。

突然之间,机会降临到特斯拉头上,公司就这样买到了一座占地530万平方英尺的工厂,而且工厂就在自家后院。2010年5月,在最后一辆丰田卡罗拉轿车下线一个月后,特斯拉和丰田宣布建立合作伙伴关系,并交接工厂。特斯拉同意花4 200万美元买下工厂的大部分场地设备,而这家工厂的原价则是10亿美元。除此之外,丰田向特斯拉投资了5 000万美元,从而换取2.5%的股份。基本可以说,特斯拉不花一分钱就得到了一家工厂,还拿到了大型金属冲压机等设备。

特斯拉接管了新联合汽车制造公司在加州弗里蒙特的工厂,工人们就是在那里生产Model S轿车的。SpaceX供图

一连串的幸运转折让马斯克的心情愉悦了不少。2010年夏,在工厂交易完成后,特斯拉开始申请首次公开募股。显然,当时

公司需要尽可能多地筹集资金，从而将 Model S 推向市场，同时推进其他技术项目。为此，特斯拉希望能够筹集 2 亿美元左右。

对马斯克来说，上市意味着和魔鬼做交易。从创立 Zip2 和 PayPal 开始，他就一直在竭尽全力地保持对公司的绝对控制。而特斯拉上市后，即便他仍是最大的股东，反复无常的公开市场也还是会对公司造成影响。马斯克一贯善于从长远角度考虑问题，但有的投资人追求短期利益，所以接下来，他恐怕要不断遭到投资人们的质疑。除此之外，特斯拉要受到公众监督，因为上市公司必须把财务账目向所有人公开。这对马斯克来说可不算什么好消息，因为他一向不喜欢把公司的运作情况公之于众，更何况特斯拉的财务状况看起来并不乐观。公司只有 Roadster 这一款产品，而且开发成本很高，一年多以前还曾濒临破产。

2010 年 6 月 29 日，特斯拉正式上市，公司股价当天便大涨 41%，共筹资 2.26 亿美元。虽然公司在 2009 年亏损了 5 570 万美元，过去 7 年还累计花费了 3 亿多美元，但投资人们似乎并不在意，还对公司的愿景表示认可。就这样，特斯拉成为自 1956 年福特汽车上市之后，第一家登陆美国的证券交易所的本土汽车制造商。

资金充裕后，马斯克开始扩张某些工程团队的规模。特斯拉的主办公区从圣马特奥搬到了帕洛阿尔托的一栋更大的办公楼，冯·霍兹豪森也扩大了洛杉矶的设计团队。贾维丹在各个项目组间穿梭，同时协助电动奔驰、电动丰田（RAV4四驱休闲运动车）以及Model S原型车的技术开发。特斯拉团队在那间小小的实验室里飞速运转，45个人以每周两辆车的速度生产出了35辆测试版丰田RAV4。帕洛阿尔托办公区的地下室里生产出了阿尔法版（早期测试版）Model S，它有来自弗里蒙特工厂的新冲压车身部件，电池包和电力元件也做了改进。"第一辆原型车是在凌晨2点左右完工的。大家当时兴奋极了，车上都没有前风挡玻璃，也没有内饰和前备箱盖，我们就这么开着它到处跑。"贾维丹说。

一两天后，马斯克前来验收成果了。他跳上车，把车开到了地下室的另一端，在那里独自查看车辆状况。他从车上下来，绕着车子走了几圈，然后工程师们纷纷过来听取他的意见。在接下来的几个月里，这个过程还会重复很多次。"他通常会给出一些积极而有建设性的意见。"贾维丹说，"我们一有机会就请他来试驾，他也会提一些要求，比如把方向盘调紧一点儿之类的，然后就赶紧跑去开下一场会了。"

和SpaceX的员工一样，为了应对马斯克的高标准、严要求，特斯拉的员工也研究出了一套技巧。聪明的工程师们不再毫无准备地在会议上汇报问题了，他们会在汇报之前准备好备选方案。"有一次，为了生产另一个版本的Model S，我们需要向埃隆申请将生产时间延长两周，同时还要增加拨款。那应该算是最恐怖的一次会议了。"贾维丹说,"我们制订了一个计划,其中说明了这项工作所需的时间和成本。我们还告诉他,如果想在 30 天内看到成品,就得招些新员工,然后就把一沓简历交给了他。谁都不能对埃隆说自己完不成任务,不然会被踢出办公室。必须把需要的一切都准备好。"看到贾维丹在散会后居然还没被解雇,其他员工都很吃惊,马斯克看过他提交的计划之后,也只是说了句"好的,谢谢"。

有时候,马斯克的要求会让特斯拉的工程师们喘不过气来。有一个周末,他把一辆 Model S 原型车带回了家,等周一回到公司后,他提出了大约 80 条修改意见。马斯克从来不做笔记,所以他把所有修改意见记在了脑子里,每周都会在脑海中列出清单,看看工程师们修改了哪几处。这里的规矩和 SpaceX 一样,要么满足他的要求,要么就要将无法完成任务的理由彻底说清楚。

2012 年,Model S 的开发工作接近尾声。这段时间里,马斯克每周五都会去洛杉矶,在特斯拉的设计室里与冯·霍兹豪森一起检查车辆状况。冯·霍兹豪森的小团队已经搬出了 SpaceX 工厂的小角落,现在,园区后面那个机库一样的地方就是他们的专属办公楼。楼里有几间办公室,还有一片开阔的区域,那里放着各种待检的汽车与部件模型。

2012 年 6 月 22 日,特斯拉邀请所有员工、部分顾客和媒体来到弗里蒙特工厂,观看首批 Model S 下线交付的盛况。在此之

前，Model S 的交付日期曾一改再改，往近了说，这款车算是延迟了 18 个月，往远了说，就是延迟了两年多。有几次延期是因为马斯克要开发新技术，剩下的几次则是因为公司还太年轻，需要学着去生产一辆完美的豪华轿车，毕竟只有不断试错才能变得成熟。

Model S 的产品发布会地址就选在汽车完工的地方。这里有一块坑坑洼洼的区域，汽车驶过时，技术员就可以检查车子有无异响。此外，这里有一间高压喷水室，用于检查车子是否漏水。在最后一项检查中，Model S 要开上一个竹子搭建的高台，在无数 LED（发光二极管）的照射下，人们可以通过强烈的明暗对比发现车身的瑕疵。在 Model S 下线的头几个月里，马斯克在这座高台上把每辆汽车检查了一遍。特斯拉的投资人兼董事尤尔韦松说："他甚至会躺下检查轮舱。"

现在，数百人聚集在这个高台旁，看着十几辆车一一交到车主手上。这里的许多员工曾是汽车工人工会的成员，在新联合汽车制造公司关闭工厂时失去了工作；如今，他们重新回到了工作岗位上，一起生产出了这款面向未来的汽车。他们戴着红白蓝相间的面罩，挥舞着美国国旗。当看到 Model S 轿车在台上一字排开时，其中几个人哭了起来。特斯拉想做成一番前无古人的大事业，也因此为数千人提供了就业机会。在机器的嗡嗡声中，马斯克发表了一番简短的讲话，然后就把钥匙交到了车主手中。车主们把车子开下高台，驶出工厂大门，员工们则为这一刻的顺利交接起立鼓掌。

就在4周前，SpaceX刚刚将货物运往国际空间站，并将太空舱送回了地球，成为第一家完成此等壮举的私营企业。这样的成绩，再加上Model S的发售，让硅谷之外的人对马斯克刮目相看。原本在他们眼里，马斯克只会一次次开空头支票，而现在他却做成了实事，而且是很不一般的大事。"在某些时间点的规划上，我也许过于乐观了，但我承诺的事情都是一定能做到的。"马斯克说，"现在，我说过的话全都兑现了。"

在Model S发布后，马斯克带着儿子们去了毛伊岛与金博尔和其他几位亲戚相聚，这是他许多年来度过的第一个真正意义上的假期。然而，安逸的时光并没有持续太久，因为特斯拉的生存之战又要打响了。起初，公司每周只能生产10辆车左右，而堆积的订单则有上万份。许多投资人打赌，特斯拉将遭遇滑铁卢。批评者也认为Model S会出现很多问题，从而削弱公众对这款车的热情。还有很多人怀疑，特斯拉不能在保持盈利的情况下提高产量。甚至在2012年10月，美国总统候选人米特·罗姆尼在和奥巴马辩论的时候，也将特斯拉称为"失败者"。

很多人都觉得特斯拉会陷入困境，甚至可能倒闭，于是马斯克只好再次为公司造势。他对外宣称，特斯拉的目标是成为全球最赚钱的大型汽车制造商，利润率要赶超宝马。到2012年9月，

马斯克又亮出了不一样的东西，让批评者和支持者都大吃一惊。在此之前，特斯拉已经秘密进入了充电站网络建造项目的第一阶段。公司对外透露了加州、内华达州和亚利桑那州的 6 个充电站的位置，并承诺以后会陆续建造数百个充电站。特斯拉想打造一个覆盖全球的充电站网络，让长途驾驶的 Model S 车主可以在高速公路边快速充电，而且不用支付任何费用。事实上，马斯克坚称，很快，特斯拉车主们不花一分油钱就能跑遍整个美国。

对缺少资金的特斯拉来说，建设这些超级充电站是笔巨大的投资。一般人都会觉得，在这个节骨眼上花钱做这种事，简直是在胡闹。特斯拉的预算金额就相当于福特汽车和埃克森美孚公司在年度假日派对上的开支，在此情况下，马斯克当然不敢一边改造汽车理念，一边建造能源网络。但实际的计划就是这样的。马斯克、施特劳贝尔和其他内部成员早就做好了不成功便成仁的准备，还为 Model S 添加了和超级充电站匹配的功能。

2012 年下半年，特斯拉积压了大量 Model S 订单。为了获得这款车的购买权，顾客需要先支付 5 000 美元，之后还得排队。公司一直在努力把这些订单转化为实际销量，但效果不佳。到底是什么影响了特斯拉的产能，到现在仍是个谜。可能是因为有人抱怨汽车内饰不够好，还有人在官方论坛和留言板上提到了早期产品的某些问题，这些负面信息引发了人们的担忧。另外，特斯拉没有车贷方案来帮助消费者减轻 10 万美元的定价所带来的经济压力。Model S 在二手市场的销售情况也充满不确定性。顾客最后也许能拿到一辆面向未来的汽车，也可能花 10 万美元买了件转卖不出去的废物。

特斯拉当时的售后服务也很糟糕。早期出厂的产品质量不高，很多车主都被打发到了客服中心，而客服中心也没准备好去应付这么大的维修量。许多本来想买特斯拉汽车的人打算再观望一段时间，等确定这家公司不会倒闭以后再下手。正如马斯克所说，"这款车的口碑糟透了"。

到 2013 年 2 月中旬，特斯拉已经陷入危机状态。如果不能快速地把订单转化为销量，工厂就只能闲置，这会给公司带来巨额损失。如果有人听到风吹草动，得知工厂停工，特斯拉的股价可能就会大跌，潜在顾客也会变得更加谨慎。之前一直没人将问题的严重性告知马斯克，不过他一了解情况，就立刻和以前一样拿出了不成功便成仁的架势。

他从招聘部、设计部、工程部、财务部等各个部门把所有能用的人都调了出来，安排他们给预订客户打电话，赶紧成交订单。马斯克对这些员工说："不管你们原来是干什么的，现在你们的工作就是把车交付给顾客。"他又安排了戴姆勒公司的前高管杰罗姆·吉伦去解决客服问题。除此之外，马斯克开除了他觉得不够格的高层领导，提拔了一批表现优异的基层员工，并押上了数十亿身家，亲自宣布会保证二手 Model S 的售价，保证顾客能够以同类豪华轿车的平均价格转卖自己的车。然后，为了防止上述策略均不奏效，他又开始为特斯拉设置最后一道保险。

3月的第一周，马斯克联系了他在谷歌的好友拉里·佩奇。知情人士透露，马斯克表达了他对未来几周特斯拉经营状况的担忧。不仅从订单到销量的转化速度达不到马斯克的期望，现有的顾客也开始推迟订单，因为他们听说公司将推出全新的功能和颜色选择。形势非常严峻，特斯拉不得不关闭工厂。他们对外宣称，工厂需要进行维护。从技术上讲，这种说法倒也不假，但如果真有订单需要完成，工厂还是可以迎着困难开工。马斯克把这些告诉了佩奇，然后两人便初步决定，让谷歌来收购特斯拉。

尽管马斯克并不想出售公司，但在当时看来，特斯拉只有这条路可走。对于收购，马斯克最担心的就是新东家不会把特斯拉的目标贯彻到底。他要确保公司能制造出一款面向大众市场的电动车。于是他提出，自己要在接下来的8年里继续掌握对公司的控制权，或者等公司生产出一款更便宜的大众化汽车后再离开。他还申请了50亿美元的资金，用来扩建工厂。这些要求引起了某些谷歌律师的不满，但马斯克和佩奇还是把谈判继续了下去。按特斯拉当时的市值计算，谷歌需要为此次收购支付大约60亿美元。

就在马斯克、佩奇和谷歌律师们就收购细节争论不休的时候，奇迹发生了。之前临时被马斯克转到销售岗位的500多名员工很快卖出了一大批汽车。特斯拉银行账户里的钱原本只能维持几周，但现在，公司只用了两周左右就卖出了足够多的汽车，最终在第一财季迎来了销售额的井喷式增长。2013年5月8日，特斯拉作为上市公司首次公布盈利数额——1 100万美元，其销售额达5.62亿美元，震惊了整个华尔街。在那段时间里，公司交付了4 900辆Model S轿车。消息公布后，特斯拉7月的股价一路飙升，从每股约30美元涨到每股130美元。第一季度的业绩发布几周后，公司连本带息地还清了此前政府提供的4.65亿美元贷款。特斯拉股票表现稳健，消费者也因此信心大增。汽车销售势头良好，公司价值上涨，与谷歌的交易也就没必要再进行了，更何况特斯拉的收购价格也已经贵到了无法接受的地步。于是，特斯拉与谷歌的谈判到此为止。

自此，马斯克走上了人生巅峰。他对公关团队说，希望以后每周发布一则特斯拉公告。虽然他们一直没有达到这个频率，不过公司声明的确是一篇接着一篇地发了出来。马斯克接连召开新闻发布会，为生产Model S、建设充电站以及开设零售店筹集资金。他在一则公告中提到，特斯拉的充电站采用太阳能供电，为防止电量不足，站点额外配备了电池。"我开玩笑说，即便丧尸危机爆发，你也可以靠着特斯拉的超级充电站系统来个全国大逃亡。"他说道。

2014年10月，马斯克在另一场特斯拉新闻发布会上奠定了

其汽车行业新巨头的地位。在会上，他发布了一款增压版 Model S，其配备两台电机，一台在前，一台在后，车可以在 3.2 秒内从起步加速到 60 英里/时。马斯克还为 Model S 发布了一款新软件，为车辆加入了自动驾驶功能。车上装有雷达，可以探测路况并发出碰撞预警，还能通过 GPS（全球定位系统）进行自动导航。"再过一段时间，车主就可以随时随地对车辆进行召唤。"马斯克说，"我还有一个想法，这个想法连公司很多工程师也是第一次听说，就是让充电器像'机械蛇'一样，可以自动插入汽车的充电接口。我觉得这个创意还是有可能实现的。"

有数千人排好几个小时的队，只为看马斯克展示这款新科技产品。他还在演讲中加入了几个笑话来调动观众的热情。在运营 PayPal 时，马斯克在媒体面前的表现还有些生涩，但此时他已经练就了一套熟练而独具个人风格的演讲技巧。特斯拉受到的关注是竞争对手们做梦都想得到的，而它们完全没有想到，特斯拉偷偷赶上了它们，还做出了它们想都想不到的产品。

马斯克成功地把特斯拉变成了一种生活方式，而这恰恰是它的竞争对手们所忽略的一点。它卖给用户的不只是一辆车，更是一种形象，一种探索未来的感觉，以及一种品牌与用户之间的纽带。苹果公司在发布 iPod（苹果数字多媒体播放器）和 iPhone 时也采用了同样的策略——哪怕不是苹果的忠实粉丝，只要买过他们的硬件产品，下载几个 iTunes（苹果数字媒体播放应用程序）这样的软件，就会被吸引到它创造的世界中去。

然而，要想建立这种纽带，就要把人们的生活方式牢牢控制在自己手里。那些把软件外包给微软、把芯片外包给英特尔、把设计外包给亚洲公司的个人电脑制造商永远也做不出苹果电脑那种既漂亮又完整的产品。当苹果公司把自己的专业技术运用到新的领域，令用户对自己的应用着迷时，其他个人电脑制造商也来不及应对。

对 Model S 及其后续车型 Model X（2015 年下半年推出的一款 SUV）的车主来说，纯电动的生活方式可以省去很多麻烦。他们不用再去加油站，只需在晚上给车插上电源，它就可以立刻充电，车主也可以选择用 Model S 自带的软件，将充电时间安排在电价最便宜的深夜。车主还能省去给汽车维修保养的时间。传统汽车需要更换机油和传动液，这样才能减少数千个移动部件在运作时产生的摩擦与损耗。相比之下，电动车的设计更简单，所以不需要这种保养。但特斯拉还是建议车主每年对 Model S 进行一次体检，不过只是检查一下组件有没有过早磨损。

特斯拉模式证明，电动车代表了汽车行业发展的新思路。所有汽车公司很快都会跟随特斯拉的脚步，给自家的汽车提供在线升级技术，只不过升级的范围有限。"火花塞、正时皮带没法儿用软件来升级更换。"贾维丹说，"只要是燃油车，维修的时候就总得打开发动机盖摆弄一番，所以无论如何都要去找经销商。"

特斯拉的优势还在于，其整车运行软件等多个关键部件都是自主设计的。"戴姆勒要是想改变仪表盘的外观，就得跨越半个地球去联系供应商，还要等一系列的审批结果。"贾维丹说，"他们只是改变仪表盘上的一个字母样式就得花上一年的时间，而在特斯拉，要是埃隆想在复活节的时候给所有仪表盘都画上一只兔子，只需要几个小时就能完成。"

特斯拉逐渐变成美国现代工业的明星，而那些与它不相上下的同行对手则销声匿迹。曾经红极一时的电动车制造商菲斯克汽车申请破产，并在 2014 年被一家中国汽车零部件公司收购。另一家初创公司 Better Place 的宣传力度曾经比特斯拉和菲斯克加起来还大，并且投入了近 10 亿美元来制造电动车和电池交换站，但是该公司没有制造出任何产品，最终于 2013 年宣布破产。

特斯拉也差点儿加入失败者的行列，这也是大多数人所预计的结果。"现在人们总是会忘记，当初大家都以为特斯拉是世界上最没有希望的商机。"施特劳贝尔说。而特斯拉之所以能脱颖而出，是因为公司选择了将马斯克的高标准贯彻到底，也是因为工程团队始终抱有坚定的信念。

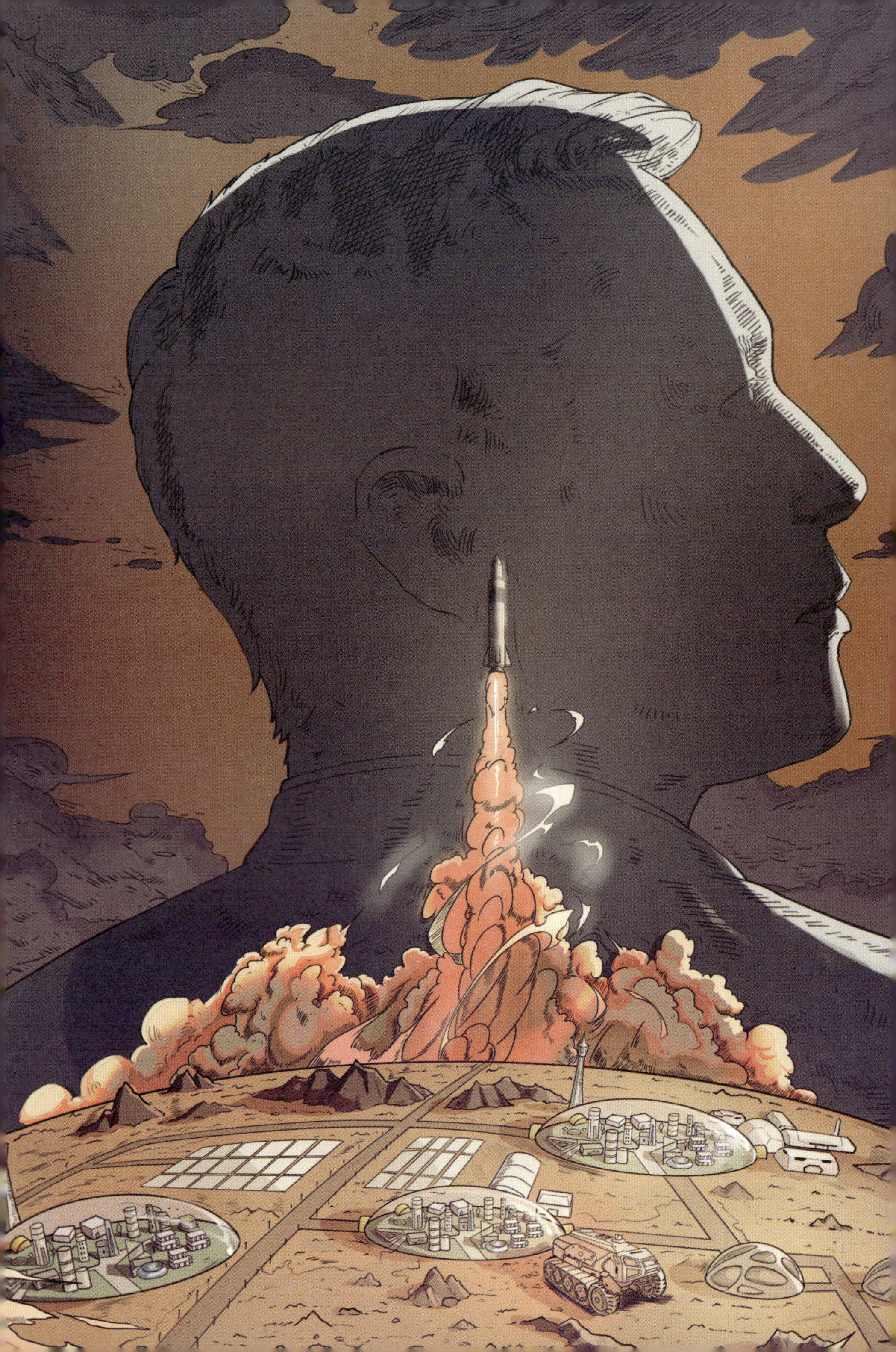

第十七章
CHAPTER 17

马斯克认为，
人类的存亡取决于能否在其他星球上
建立另一个殖民地，
而他自己应该为实现这一目标而奋斗终生。

马斯克的远大梦想

赖夫三兄弟以前就像是科技圈里的一个帮派。20世纪90年代末，他们总是踩着滑板穿梭在圣克鲁兹的大街小巷，敲开一家家公司的大门，询问对方是否需要帮忙管理计算机系统。这三个南非长大的小伙子和马斯克是表兄弟，他们很快便意识到，要搞技术推销，肯定有比挨家挨户敲门更好的办法。于是他们写了几款软件，从而实现客户系统的远程控制，还能自动完成公司要求的各种标准化工作，比如应用升级。凭着这款软件，他们创办了一家公司——Everdream。

2004年,赖夫三兄弟想要尝试一个新挑战——一个不仅能赚钱,还像林登·赖夫所说,让他们"每天都心情愉悦"的挑战。那年夏末,林登租了一辆房车,和马斯克一起出发,前往内华达州的布莱克罗克沙漠庆祝火人节。这是一场倡导自我表达和创新精神的集会,每年有成千上万人来这里一起狂欢。从小就爱冒险的林登和马斯克自然不会放过这个机会,他们希望能借着这趟长途旅行叙叙旧,并就各自的商业计划来一场头脑风暴。马斯克知道,赖夫三兄弟想做一番大事。他一边开车一边对林登说,不妨关注一下太阳能市场。马斯克之前就对该领域进行了一番研究,他觉得这里有其他人没看到的机会。"他说这是个不错的切入点。"林登回忆道。

马斯克是火人节的常客,他和家人们在到达现场之后便开始了例行准备工作,搭起帐篷,又弄好了庆祝时要开的艺术车。那年,他们揭掉了一辆小车的车顶,加高方向盘,并把它往右移动,放到靠近车子中间的位置,还把座椅换成了沙发。开着这辆时髦的小车,马斯克觉得有趣极了。

除此之外,马斯克还在狂欢活动中展示了自己的毅力与体力。活动场地上立着一根30英尺高的木杆,顶端有个舞台。好几十个人想爬上舞台,但都失败了,于是马斯克也去试了一下。"他的爬杆技术太差了,正常情况下是上不去的。"林登说,"但他死死地抱住杆子，一寸寸地往上挪，最终居然爬到了顶端。"

几天后，火人节结束了，马斯克和赖夫三兄弟也怀着激动的心情回去了。三兄弟打定主意，要成为太阳能行业的专家，在市场上寻找机会。他们花了两年时间研究太阳能技术，了解行业动态，阅读研究报告，访问相关人士，还经常参加各种会议。在其中一次会议上，主持人向台上几位全球最大的太阳能厂商代表提问，为了让消费者买得起太阳能电池板，他们所在的公司都采取了哪些举措。"这些人的答案都一样。"林登说，"他们回答道：'我们在等电池板的成本下降。'没有一家公司愿意主动解决问题。"

当时，消费者要在自家房顶安装太阳能电池板并非易事。他们必须先购买电池板，再找别人来安装。另外，他们要预先付款，并且凭经验推测自己家的光照是否充足，如此大费周章到底是否划算。最重要的是，人们知道下一年新出的型号效率会更高，所以总是不愿购买。

于是赖夫兄弟决定，要让普通消费者能够轻松使用太阳能产品，并在2006年成立了一家名叫SolarCity的公司。和其他许多太阳能企业不同，SolarCity不会自主生产太阳能面板，而是从别家采购，然后在公司内部完成其他所有工作。他们开发了一款软件，用来分析用户的电费账单、房子的地理位置以及通常情况下的光照量，从而判断用户家里适不适合安装太阳能电池板。他们还组建了自己的安装团队，同时设计出一套融资系统，从此用户无须再为太阳能电池板预先付款。按照他们的新商业模式，用户可以在若干年内以固定的费率按月为电池板支付租金。总的算下来，这种模式花的钱更少，而且不用再像过去那样操心不断上涨的电费。等租约到期，用户也可以更换性能更好的新电池板。这套商业模式正是马斯克帮表弟们设计出来的，他也成了公司董事长，而且是最大的股东，持有 1/3 左右的股份。

火人节之旅 6 年后，SolarCity 成为美国最大的太阳能电池板安装企业。公司实现了最初的目标，安装太阳能电池板不再是件难事，竞争对手也纷纷效仿其商业模式。2012 年，SolarCity 正式上市，之后几个月里，公司股价一路飙升。到 2014 年，公司估值已接近 70 亿美元。

和马斯克的其他几家公司一样，SolarCity 不只是一个商机，更是一种世界观。马斯克很早以前就认为，对人类而言，太阳能的应用意义深远。太阳照射地球表面一个小时左右所释放的能量，相当于全球一年的各种能源消耗总量。另外，太阳能电池板的转化效率也在稳步提升。如果太阳能未来注定要成为人类的首选能源，那么这个时刻应该尽快到来。

从 2014 年起，SolarCity 就开始一步步向外界展现自己全部的野心。公司开始销售其储能设备，这些都是和特斯拉公司合作生产的。电池包在特斯拉工厂生产出来后，便堆放在冰箱大小的金属箱里。企业用户和普通消费者可以将这些储能设备与太阳能电池板配合使用。只要储能设备充满电，大客户就可以在夜晚或突然停电时用它们供电。

随后，在 2014 年 6 月，SolarCity 以 2 亿美元的价格收购了一家名为赛昂电力的太阳能电池制造公司。这桩交易标志着公司战略的巨大转变。从此，SolarCity 不再从外采购，而是在纽约州的工厂里自主制造太阳能电池板。过去，SolarCity 选择采购而非自主制造的战略恰恰是公司的一大优势。因为当时有很多中国、美国和欧洲的公司涌入太阳能电池板市场，带来了大量的设备。正因市面上可供选择的太阳能电池板太多，制造商们只能被迫降价，从而保证自己的竞争力。这也就意味着 SolarCity 可以用非常便宜的价格采购电池板。

在成立后的最初几年里，SolarCity 一直能买到低价电池板，也省下了建设和运营工厂所需的大额成本。不过，当客户数量增长到 11 万时，SolarCity 消耗的电池板数量也逐渐增多，此时公司便需要确保供给量与价格的稳定。"我们现在安装的太阳能电池板数量已经超过了大部分企业的产量。"SolarCity 的联合创始人兼首席技术官彼得·赖夫说，"如果自己生产，再利用一些不同的技术，就能进一步降低成本。这也是我们公司一直以来所追求的目标。"

SolarCity 是马斯克的远大梦想或将其理念和公司联系在一起的哲学的关键一环。无论是从短期还是长期来看，他的每项

事业都是相互关联的。特斯拉公司生产电池包，SolarCity 则把它们卖给消费者。SolarCity 为特斯拉的充电站提供太阳能电池板，让特斯拉能够为用户提供免费充电服务。Model S 的新用户一般都会选择马斯克式的生活，并在家里安装太阳能电池板。而 SpaceX 和特斯拉之间也会就材料、制造工艺以及关于从头开始制造许多东西的工厂的运营细节交换经验。

这种纽带不仅体现在商业层面，也延伸到政治和行业竞争方面。以前，立法者和老牌公司可能会联合起来对付马斯克。不过到 2012 年，马斯克的企业联盟有了更强大的合力，从前那种霸凌行为就不太行得通了，因为逐一打击 SolarCity、特斯拉或 SpaceX 都再不像以前那么容易。亚拉巴马州的政客想要保住洛克希德·马丁公司的就业岗位，新泽西州的政客想为传统的汽车经销商保住生意，那他们就不得不和马斯克这样一个在全美各地打造人力与制造业帝国的家伙抗衡。截至本书写作之时，SpaceX 在洛杉矶有一家火箭工厂，在华盛顿州有一家卫星工厂，在得克萨斯州中部有一座火箭试验场，而在得克萨斯州南部也有一座发射基地正在建设当中；特斯拉在硅谷有汽车厂，在洛杉矶有设计中心，在内华达州还有一座大型电池厂；SolarCity 在清洁能源技术领域创造了成千上万个工作岗位，而纽约州布法罗的太阳能电池板工厂也已在建设当中，工厂建成后，也会为社会提供大量制造业岗位。截至 2015 年年底，马斯克的商业帝国雇用了近 3 万人。未来，其公司还将继续开发更多功能强大的新产品，预计将为数万人提供就业机会。

特斯拉在 2015 年发布的 Model X 就是这样一款产品。它采用和 Model S 一样的底盘，但它不是轿车，而是比轿车更大的 SUV。就 Model X 来说，最惊艳的一项设计当数它的鹰翼车门，它们可以像翅膀一样向上展开。Model X 拥有能容纳 7 人的载客空间，适用于全家出行，其具备顶尖的安全性能，还能拖载滑雪板或自行车这类货物。Model X 最主要的缺点就在于价格，这款 SUV 的售价甚至比 Model S 还要高。

第二款特斯拉汽车 Model X SUV 及其标志性的鹰翼车门。 特斯拉供图

在马斯克的设想中，特斯拉的低价产品应当是公司的第三代轿车 Model 3。这款四门轿车将于 2017 年推出，售价约为 3.5 万美元，它也将成为衡量特斯拉对世界的影响程度的真正标准。公

司希望 Model 3 的销量能达到数十万，从而让电动车真正成为主流。"我觉得特斯拉未来还会生产很多汽车，"马斯克说，"如果按照现在的速度增长，我认为它将成为全球市值最高的公司之一。"

目前，全球生产的很大一部分锂离子电池已经被特斯拉用了，而生产 Model 3 还需要更多电池。这就是为什么马斯克会在 2014 年宣布所谓的"超级电池工厂"（Gigafactory）计划，即建造全球最大的锂离子电池厂。每家超级工厂会雇用大约 6 500 名员工，帮助特斯拉实现一系列目标。有了这些工厂，特斯拉从此便能满足自家汽车以及 SolarCity 储能设备的电池用量需求。特斯拉还希望能在改进电池的同时降低其成本。按照施特劳贝尔的说法，与现在的电池包相比，超级电池工厂生产的电池包的价格会低廉很多，性能则会大大提升。这样一来，Model 3 不仅能实现 3.5 万美元的售价目标，也能为生产续航里程超过 500 英里的电动车奠定坚实的基础。

要是特斯拉真的能推出一款续航里程达 500 英里的平价汽车，那它就做到了许多业内人士多年来坚持认为不可能做到的事情。如果能在推出这样一款产品的同时打造遍布全球的免费充电站网络，改进汽车销售方式，彻底改变汽车技术，那么特斯拉就将实现资本主义历史上的一项非凡的壮举。

不过对马斯克来说，这还不够。2013 年 8 月，他推出了所谓的"超级环路列车"的概念，并将其称为一种全新的交通方式。超级环路列车相当于一个架设在电缆塔上的巨大管道，载人或运货的吊舱会从管道一端出发，以 700 英里 / 时左右的速度驶向目的地。吊舱之所以有这么快的速度，是因为它能悬浮在空中，从而减小摩擦。当然，整套系统会将太阳能作为能量来源，旨在将相距 1 000 英里以内的城市连接。"超级环路列车可以带着人和货物从洛杉矶去旧金山，从纽约去华盛顿特区，或者从纽约去波士顿。"马斯克当时说，"但如果距离超过 1 000 英里，管道的成本将高昂到难以承受。何况没有人想让管道变得无处不在，谁都不想住在管道世界里。"

在讲到汽车、太阳能电池板和超级环路列车时，马斯克总

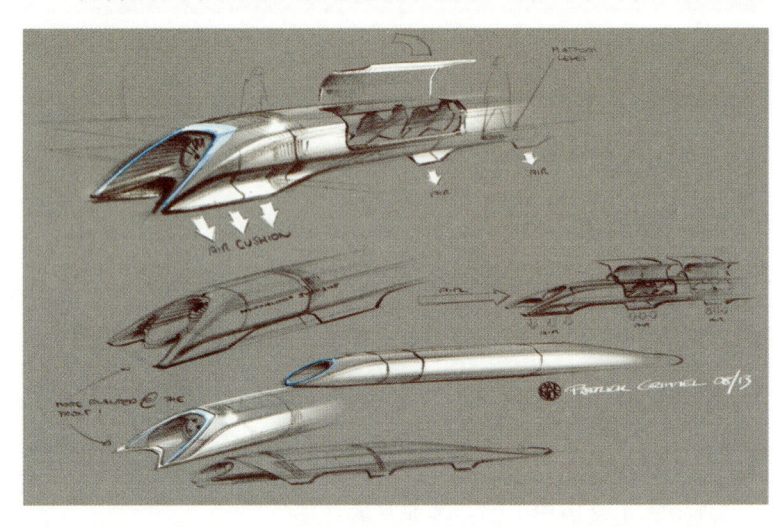

2013 年，马斯克推出了"超级环路列车"的概念，并将其称为一种全新的交通方式。目前已经有多个团队在打造这款产品。SpaceX 供图

是激情满满，以至于人们很容易忽视，从某种程度上来说，这些只是他的副业。他对技术的信仰相当坚定，认为追求技术发展可以造福人类，而先进技术也给他带来了财富和声望。但他的终极目标仍然是让人类成为能够在多个星球生存的物种。马斯克认为，人类的存亡取决于能否在其他星球上建立另一个殖民地，他也觉得，自己应该为实现这一目标而奋斗终生。

近期，SpaceX 将对其载人航天技术展开测试。公司计划在 2017 年前进行一次载人试飞，之后不久再为 NASA 向国际空间站输送航天员。同时，公司也已经开始进行卫星的建造与销售。此外，SpaceX 一直在对火箭回收利用技术与"猎鹰重型"火箭进行测试，后者能够搭载的有效载荷质量位列世界第一。2015 年 12 月，SpaceX 首次完成了回收火箭的壮举，之后又成功回收数次。公司向客户承诺，SpaceX 生产的箭体可以重复使用，从而为每次发射省下数千万美元，彻底改变太空飞行领域的经济状况。

在得克萨斯州南部，SpaceX 也在继续建设自己的太空港。公司买下数十英亩土地，计划在那里建造一个前所未有的现代化火箭发射中心。马斯克希望将火箭发射过程中的很多工作转变为自动化控制，这样火箭就可以自动加注燃料、竖立在发射台上并点火发射，整个过程中的安全程序由计算机控制。公司希望每个月都可以实现数次发射，而要想飞上火星，他们还需要研发更先进的技术与技能。

"我们要想办法实现一天多次的发射。"马斯克说,"从长远来看,在火星上要有自给自足的基地,这一点非常重要。为了实现这个目标,建立自给自足的火星城市,需要数百万吨的设备,或许还要有数百万人。这得发射多少次呢?这么远的距离,一次能送 100 人就很不错了,就算是这样,也要发射 1 万次才能运完 100 万人。那这么多次发射需要多长时间呢?需要的时间太长了。

"而且在我看来,每次飞往火星都要把航天器发射进轨道,然后进入停泊轨道,并向燃料箱里补充推进剂。从本质上讲,航天器要在大量推进剂的作用下进入轨道,但随后应该发送一艘运油航天器来给轨道上的航天器补充推进剂,这样它才能载着较重的有效载荷高速前往火星,且运送时间可以从 6 个月缩短到 3 个月。我现在还没有拟定具体方案,但我大致有了一个可行的想法,就是设计一个完全以甲烷为燃料的系统,其中可能包括一台大型推进器、一艘航天器以及一艘运油航天器。我觉得 SpaceX 应该会在 2025 年开发出这种可以把很多人和货物送上火星的推进器和航天器。

"重要的是,前往火星的单人成本不能超过某个临界值。如果运送一个人要花 10 亿美元,火星殖民地就建不成了。如果单人成本在 100 万或 50 万美元左右,那么就很有可能把这个自给自足的火星殖民地建起来。到那时,会有很多人愿意参与火星移民计划，他们会卖掉自己在地球上的东西，然后搬到新的家园。这不是一场旅行，而是类似于新大陆时期欧洲人向美洲的迁移。人们要搬去一个新的地方，在那儿找一份工作，开始全新的生活。如果解决了运输问题，剩下的就是造出一个供人居住的透明加压温室，这倒不算什么难事。但如果到不了火星，那后面的事情也就免谈了。

"最后，如果想让火星变成一颗和地球类似的行星，就要提高它的温度，目前我还没什么头绪。即便这个过程非常顺利，也要花很长一段时间，我猜可能得花成百上千年吧。我是等不到火星出现土地、成为下一个地球的时候了。这样说可能有些绝对，应该说，还是有 0.001% 的概率，但也得在火星大干一场才能出现这种可能。"

一连几个月，马斯克总是在夜深人静时在洛杉矶的家里来回踱步，思考着他的火星计划，有时还会和莱莉讨论。"能和我讨论这种事情的人一共没有几个。"马斯克说。他还和她谈起了自己的白日梦，说要成为第一个踏上那颗红色星球的人。

"他特别想成为第一个登上火星的人，"莱莉说，"我还求他不要第一个去。"也许马斯克喜欢和莱莉开玩笑，也许他只是说着玩儿，但有一次我们深夜聊天的时候，他说自己没有这样的野心。"只有完全确定 SpaceX 没了我也照样可以发展得很好，我才会第一个登上火星。"他说道，"我确实想去，但不是非去不可。

关键并不在于我能不能去，而在于能不能把大批人送上火星。"

对肖特韦尔和施特劳贝尔这样的员工来说，和马斯克共事就意味着要参与各种强大技术的开发，却永远无法得到认可。这些人是公司坚定的后盾，在员工们心中，他们永远都隐藏在辉煌背后的阴影之中。如果你是肖特韦尔，对把人类送往火星的事业抱有坚定的信仰，那这份事业本身会比自身的名望更加重要。

施特劳贝尔也是一样。这位特斯拉元老级成员对汽车无所不知，并成为其他员工向马斯克传递信息的中间人。"在埃隆手下做事真的非常难，主要是因为他太有激情了。"施特劳贝尔说，"有的人可能会被他的这种气场吓得够呛，变得紧张兮兮。大家好像都很怕他，见到他就浑身瘫软。所以我试着帮助大家理解他的目标和愿景，而我自己同样有很多目标，我需要确保我们的目标一致，同时还要回头确保公司上下团结一心。说到底，埃隆才是老板。他用血汗和泪水推动着公司的发展。他承担的风险比任何人都要大。他所做的一切都让我感到很佩服。没有埃隆，公司就无法正常运转。"

普通员工对马斯克的评价则好坏参半。他们敬重这个干劲十足的老板，也接受他的苛刻，但有时又觉得他很刻薄，简直到了不可理喻的地步。员工们很愿意接近马斯克，但也害怕和他接触会导致自己被解雇。"在我看来，埃隆迄今为止表现出的最讨厌的一点就是，他完全没有忠诚的概念，或者说他完全没有人情味儿。"一名前雇员说,"我们很多人跟着他没日没夜地干了这么多年,结果二话没说就被赶走了,就像垃圾一样被扔在路边。"

要说最能体现马斯克"无情"的管理风格的例子,当数发生在2014年年初的一件事——他解雇了跟随他多年的助理玛丽·贝丝·布朗。说布朗是"忠诚的执行助理"都不足以体现她对工作的付出。她常常觉得自己是马斯克的延伸,是参与了他全部生活的人。在十多年的时间里,她为马斯克放弃了自己的生活,每周奔波在洛杉矶和硅谷之间,晚上和周末也要加班。布朗后来找到马斯克,要求拿到和SpaceX的高管同等的报酬,毕竟她需要在两家公司之间来回跑,帮马斯克处理大量日程安排,要做公关工作,还经常要做商业决策。马斯克的回复是,布朗可以休几周假,在此期间,他会把她的工作全部接过来,衡量一下工作难度。结果等布朗休假回来,马斯克说自己不需要她了。忠心耿耿的布朗非常伤心,不想和我讨论这件事。马斯克则说,布朗后来越来越爱替他发话了,而且,坦率地说,她也需要过自己的生活。

无论如何,此事都给马斯克的形象造成了负面影响。"钢铁侠"不会开除"小辣椒",他很爱她,会一辈子照顾她。她是钢铁侠唯一可以真正信任的人,两人也在一起经历了风风雨雨。但马斯克不是钢铁侠,他随随便便地解雇了布朗,这让SpaceX和特斯拉的员工很受打击,也终于让他们看到了马斯克性格中那冷冰冰的一面。

布朗的离职成了马斯克缺少同情心的证据，也成了他一再恶毒攻击、羞辱员工的负面新闻素材之一。人们还把这种行为和他的其他怪癖联系在一起。众所周知，马斯克完全不能接受邮件中出现错别字，他根本无法略过错字去阅读邮件内容。即使在社交场合，马斯克也会突然起身离席，到外面去看星星，一句解释的话都不说，而原因仅仅是不愿意听别人聊天。结合他的种种行为，有几十个人不约而同地得出结论，认为马斯克有孤独症倾向，他不会照顾别人的情绪，也不怎么为他人着想。

按照神经心理学家的说法，马斯克的行为似乎和那些天赋异禀的人更为接近。这类人在童年就表现出超出常人的智力水平，在智商测试中通常名列前茅。这些孩子总能放眼世界，发现系统中存在的缺陷和差错，并在脑海中构建出弥补缺陷的逻辑路线。对马斯克来说，确保人类成为可以在多个行星生存的物种就是他的使命，这种使命感部分来源于其深受科幻与科技影响的生活，同样也可以追溯至他的童年。从某种程度上说，这是他永恒的追求。

在马斯克看来，人类目前正处于危险之中，而他想要解决这个问题。那些在会议上出馊主意、在工作中犯错的人，都是他解决这个大问题的阻碍。有时他会觉得自己是唯一一个能意识到这个问题的紧迫性的人，所以才会被旁人视作缺乏同情心。他的使命太重大了，所以无法像常人那样敏感和宽容。而他手下的员工只能竭尽全力助他完成使命，否则就得尽快让位。

马斯克对自己的性格从来是直言不讳的。他恳求大家理解，他不是在商业世界里追求一时的机会，而是想要解决困扰他数十年的问题。在和我交流的过程中，马斯克反复提及这一点，并不断强调自己真的很早就已经在思考电动车和移民太空的问题了。

这一点在他的行动中也有所体现。马斯克在2014年宣布，特斯拉将开放其所有的专利，允许人们免费使用这些创新技术。分析人士想弄清楚，这到底是宣传噱头还是别有用意。但对马斯克来说，这只是一个简单明了的决定。他希望能有更多人生产和购买电动车。因为在他看来，人类的未来正取决于此。如果开放特斯拉的专利可以让其他公司更轻松地生产电动车，那就是做了一件造福人类的好事，而这些知识理应免费共享。

谷歌公司的联合创始人兼首席执行官拉里·佩奇是马斯克最狂热的崇拜者之一，也是他最好的朋友之一。佩奇说："想想那些硅谷领袖和企业高管，他们大都不缺钱。如果你也像他们那样，钱多到要捐出去，怎么花都花不完，那你还会花时间办一家没什么实绩的公司吗？所以说，这就是我觉得马斯克了不起的地方。他曾经说：'我在这个世界上究竟应该做些什么？应该解决汽车和全球变暖的问题，并让人类能在多个星球上生存。'这些都是非常宏大的目标，而他现在也成立了自己的公司来实现目标。"正如佩奇所说："好的想法一开始都不靠谱，但总有一天会实现。"

马斯克的企业帝国在下一个十年应该能迎来更多精彩，而他本人也有望成为有史以来最伟大的商人与创新者之一。到2025年，特斯拉很有可能推出五六款新车，在蓬勃发展的电动车市场成为一股主导力量。按照目前的增长速度，假以时日，SolarCity有望成长为一家大型公用事业公司，并成为太阳能市场的领军者，兑现当初的承诺。至于SpaceX，它的未来是最令人期待的。马斯克预计，SpaceX会实现每周一次的发射频率，把人和货物送上太空，它的多数竞争对手则将面临破产。公司制造的火箭可以实现绕月飞行，并精准返回得克萨斯的太空港。另外，为首批火星航行所做的准备工作将顺利开展。

如果这些愿景真能全部实现，那么届时，50多岁的马斯克将很可能成为全球最富有的人，并跻身权贵之列。他将成为两家上市公司的大股东，历史也会对他取得的成就绽放灿烂的笑容。在众多国家和其他企业因优柔寡断、无所作为而陷入瘫痪的时候，马斯克将挺身而出，找到应对全球变暖问题的最好办法。与此同时，他还为全人类制订了逃生计划，以防地球发生不测。他还会让美国恢复对大量关键制造行业的掌控，并为其他想要驾驭新机器时代的企业家树立榜样。最后，他会给人类带来希望，重新点燃人们对科技实用性的信心。

当然，未来仍然充满不确定性。马斯克的三家公司都面临着

巨大的技术难题。他把赌注押在了人的创造能力上，押在了太阳能、电池以及航天技术上，希望这些技术会遵从价格与性能改进的规律曲线。即便这些赌注都如愿命中，特斯拉也仍可能面临各种奇怪的、意外的召回事故；SpaceX 的载人火箭也仍有爆炸的可能，甚至会让公司立刻倒闭。马斯克所做的每件事都伴随着巨大的风险。

他曾经怀疑自己是不是疯了，但实际上，这种乐于冒险的倾向并不意味着他真是疯子。他似乎只是有某种狂热的信念，一种过于强烈的、卓越的信念，所以才会遭到一部分人的厌恶。一起吃了点儿薯片蘸牛油果沙拉酱后，我直接问马斯克，他愿意承担多大的风险。他的答案是：可以赌上其他人珍视的一切。他愿意放弃自己的家庭和公司，在火星上度过人生最后的时光。"我想在火星上死去，"他说，"只要不是飞上去的时候撞死就行。"

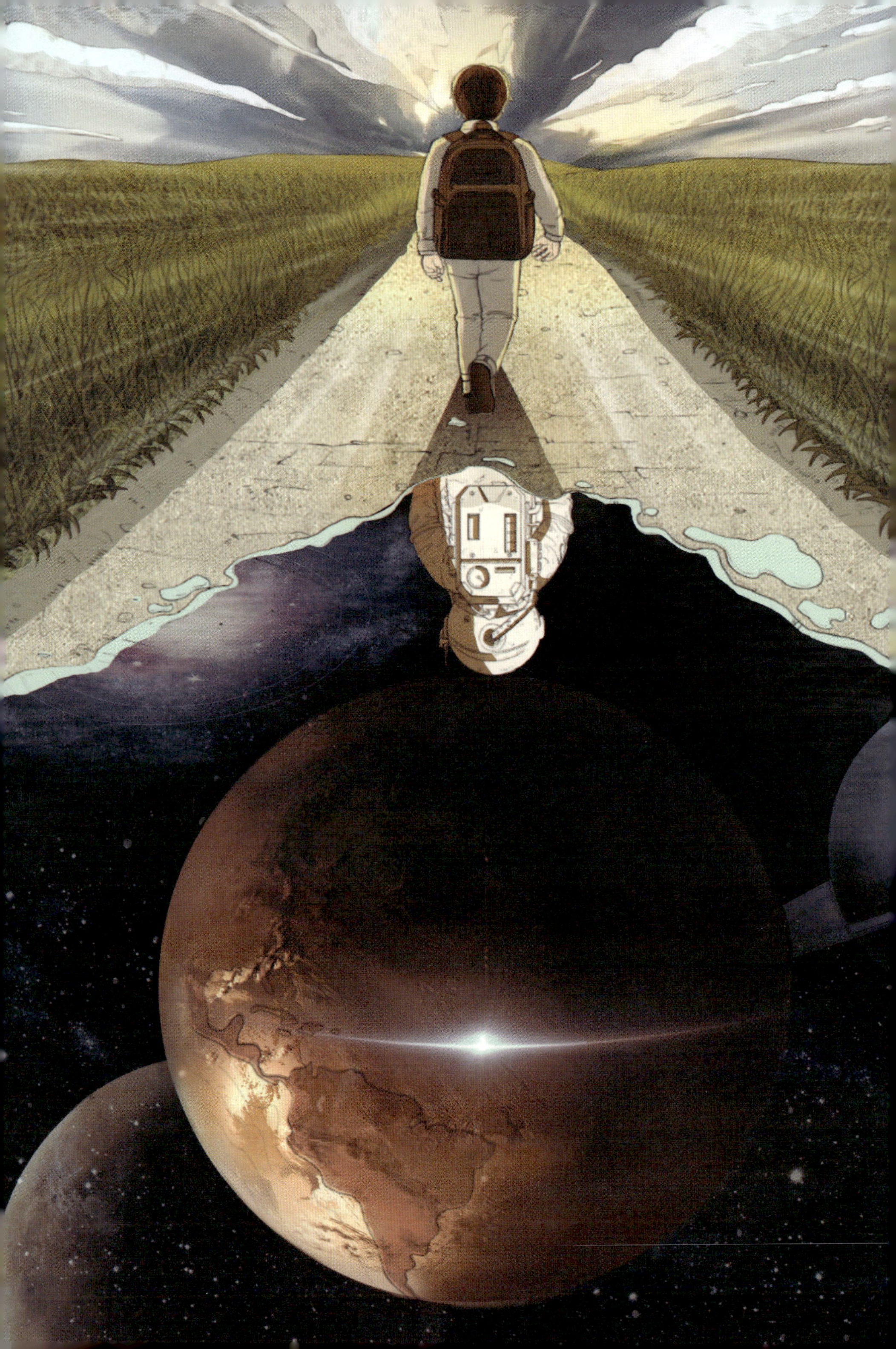

尾声

不久前，美国在火箭发射和载物航天飞行领域还远远落后于中国和俄罗斯等国家。NASA 的主力军航天飞机已经退役。波音和洛克希德·马丁等美国公司虽然仍有能力发射火箭，但发射价格昂贵，而且仅限于军事用途。美国曾经在航天领域占据主导地位，如今却好像要失去整个行业。对于一个为创新和探索精神而自豪的国家来说，这种境地的确令人沮丧。

而在 2015 年年中，SpaceX 似乎要为这个悲伤的故事续写下一篇章。那年 6 月，SpaceX 的一枚火箭爆炸。在接下来的几个月里，公司一直被外界的质疑声包围，与此同时，它也在艰难地寻找和解决火箭出现的问题。不过，到 2015 年 12 月，SpaceX

又抱着认真的态度重返太空。该公司成功发射了一枚火箭，用它把数颗卫星送上太空，最后平安返回了地球，并实现精准降落，成为首家为付费客户完成此等壮举的火箭公司。

几乎同时，亚马逊网站创始人杰夫·贝索斯的蓝色起源火箭公司也在试射中成功实现了火箭着陆。后来，该公司再次将这枚火箭成功发射，证明其确实可以重复使用。如此一来，美国便一下子拥有了两家全球最有潜力的火箭公司。它们正在完成历史性的壮举，同时也将航天领域带入了崭新的未来，到那时，价格低廉的太空飞行对人们来说也许已经司空见惯。全世界为之瞩目，各国争先恐后效仿。

现在看来，我们大概正处于一个全新的时代。在这个时代，富有的科技大亨和聪明而精力充沛的工程师正在开展过去只有政府可以涉足的项目。火箭、自动驾驶汽车、虚拟现实和人工智能软件等发明创造正以魔法一般的力量，引领我们走进一个令人惊叹的世纪。毫无疑问，马斯克是这个新时代的向导，他的梦想似乎比其他人的都要宏大。

火箭再次升空之后，SpaceX 把目光对准了载人航天，希望航天员们能够尽快身穿新款航天服进入国际空间站，踏上人类新的栖息地。特斯拉在 2016 年 3 月推出了 Model 3 汽车，起价仅 3.5 万美元，是一款真正面向大众的纯电动车。它把最新的汽车软件与技术产品降低到了人人都负担得起的价格。大约 40 万人付费预订了该款座驾，排队等待 Model 3 的到来，这让它成为汽车领域的现象级产品。特斯拉的无人驾驶技术同样让消费者赞叹不已。在高速公路上，特斯拉的汽车可以将人类从大部分驾驶任务中解放。公司还承诺将在短期内推出更先进的技术。马斯克等了将近 15 年，终于等到了电动车成为市场主流的这一天，如今看来，他的等待是值得的。

有了这些成就，马斯克那些更疯狂的念头在众人眼中也变得实际了。当他在 2013 年首次公开"超级环路列车"的概念时，很多人都在嘲笑他。而今天，加州已经有两家初创公司在打造这套列车系统的原型。SpaceX 赞助的设计大赛吸引了数百名大学生和高中生，他们通过参与竞赛为未来技术的设计贡献了自己的一份力量，也有很多人真的相信超级环路列车很快就会问世并投入运行。

马斯克还着手打造了"太空互联网"。他想用数千颗小型卫星把地球"包裹"起来，让地球上的人们收到太空发来的网络信号。全球目前仍有 30 亿人因为身处偏远地区或负担不起网费而无法连接高速网络，"太空互联网"的建设对这些人来说意义重大。另外，这项新技术可以为地球建立一个互联网备份，从而为太空联网奠定基础，最后将网络覆盖火星。为了制造这些小型卫星，SpaceX 在西雅图开设了一个办公室和制造中心。有朝一日，那里的工作人员也许会实现全球通信基础设施的现代化。

马斯克的追求太异想天开，所以有时候人们很容易把他当成"钢铁侠"式的人物，觉得他不像现实生活中的人，倒像是个虚拟的角色。不过非常重要的一点是，马斯克的那些项目背后都伴随着真实的付出。为了实现他的宏大目标，满足他的苛刻要求，员工们被逼到了极限，只能用本应和家人团聚的时间加班。马斯克也放弃了正常的生活。由于过度紧凑的工作安排，他的人际关系受到很大影响，身体也一样。所以如果你想以马斯克为榜样，不妨先慎重考虑一下吧。

不过可以肯定的是，马斯克确实代表了某些意义更深远的东西，在如今这样的世界历史节点上更是如此。很多人都在讨论地球以及地球上的居民所面临的问题。多年来，人们对各种观点争论不休，却极少采取实际行动来真正解决问题。而马斯克正在矫正这种行为，他是个务实的行动派。

从这方面看，马斯克已然胜过了钢铁侠，他的成果也胜过了钢铁侠的各种异想天开的发明。马斯克是个有血有肉的人，他遭受了巨大的个人损失，做出了伟大的牺牲，付出了常人难以想象的努力，坚持不懈地追求着梦想。你或许不想过马斯克那样极端辛苦的生活，不想像他一样付出那么大的代价，但不可否认的是，他是21世纪生活的一个楷模。他敢于想象，想方设法用技术去实现自己的设想，并竭尽全力地为人类争取光明的未来。

他的下一步行动是什么呢？我已经迫不及待地想看到了。

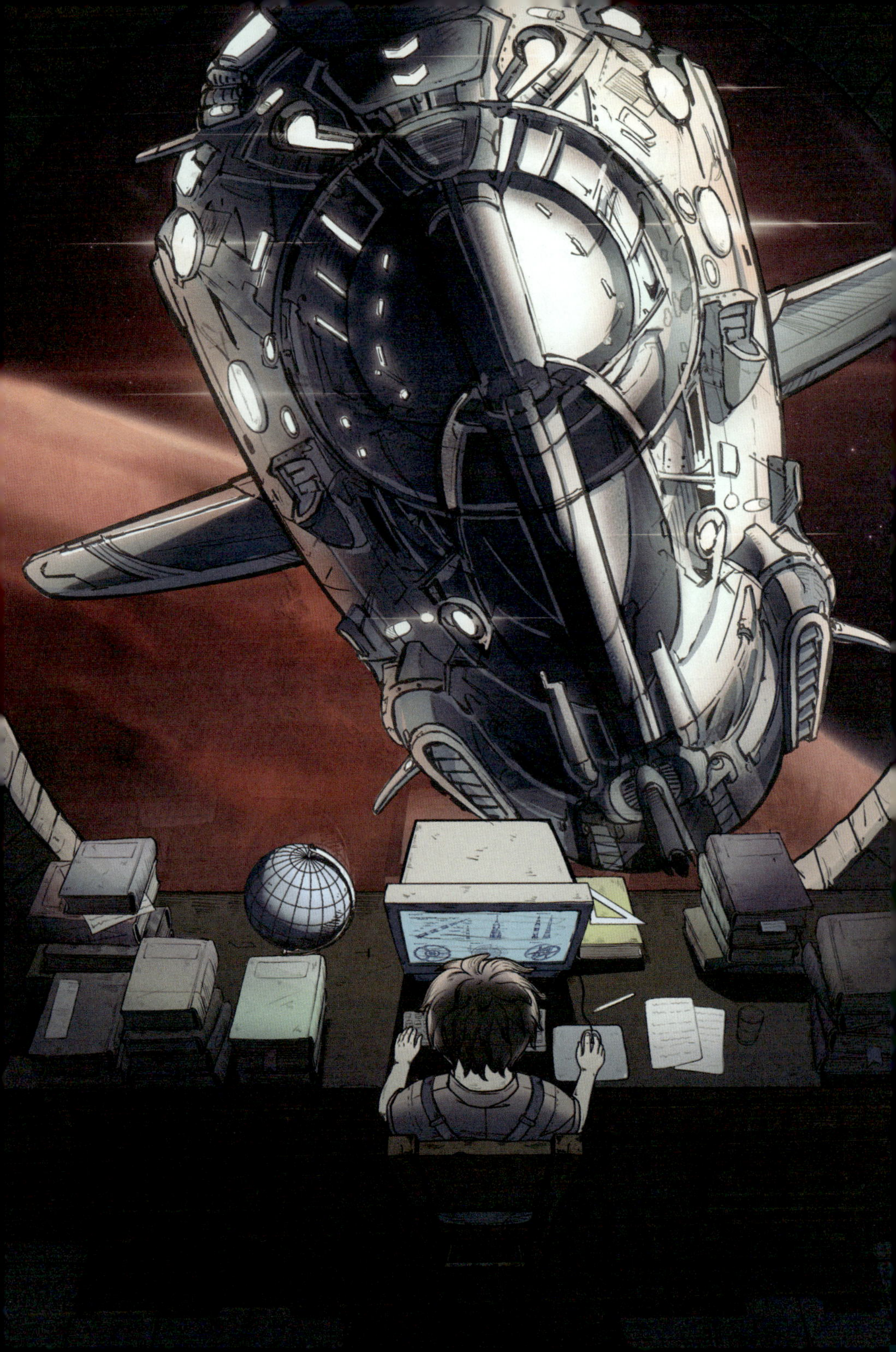

致谢

在本书的创作过程中，数百人自愿贡献时间，更有人不厌其烦地为我解答问题，对此，我的感激之情无以复加。为我提供帮助的人太多，我无法一一列出，但要特别感谢杰里米·霍尔曼、凯文·布罗根、戴维·莱昂斯、阿里·贾维丹、迈克尔·科隆诺和多莉·辛格等提供宝贵洞见以及大量技术帮助的人。我还要衷心感谢马丁·艾伯哈德和马克·塔彭宁，他们给特斯拉的故事增加了重要而丰富的内容。

接下来，我要特别感谢乔治·扎卡里、谢尔文·皮谢瓦、比尔·李、安东尼奥·格拉西亚斯和史蒂夫·尤尔韦松,他们为我和为马斯克的事情付出了很多。另外还有贾丝廷·马斯克、梅耶·马斯克、金博尔·马斯克、彼得·赖夫、林登·赖夫、拉斯·赖夫和斯科特·霍尔德曼,感谢他们抽出时间为我讲述马斯克的家庭故事。妲露拉·莱莉也好心地接受了我的采访,让我能够对马斯克有更深刻的理解,这对我来说意义重大,我想对读者来说也是如此。

我还要感谢 JB.施特劳贝尔、弗朗茨·冯·霍兹豪森、迪尔米德·奥康奈尔、汤姆·穆勒和格温·肖特韦尔。他们是我在多年采访中遇到的最聪明、最有意思的一群人。他们对我很坦诚,愿意为我耐心地讲述公司历史和技术上的基础知识,我永远感谢他们。同样还要感谢埃米莉·尚克林、汉娜·波斯特、亚历克西斯·乔治森、莉兹·贾维斯-西恩和约翰·泰勒,他们接受了我不断的纠缠叨扰,还在马斯克的公司为我安排了多次采访。在采访即将结束之际,玛丽·贝丝·布朗、克里斯蒂娜·拉和尚娜·亨德里克斯已经离开了马斯克的公司,但她们还是让我了解了很多关于马斯克、特斯拉以及 SpaceX 的故事。

当然,我最感谢的还是马斯克。在最初的几次访谈中,我在开始前几个小时就已经非常紧张了。我不知道马斯克能配合多久,因为在第一次采访中,直面我提出的那些问题,中肯地做出回答,是要承受很大压力的。不过马斯克坚持了下来,我们的对话也变得越来越长，越来越流畅，越来越有启发性，这也成了我每个月最期盼的事情。马斯克到底会不会从很大程度上改变人类历史的进程，这一点尚未可知，但可以肯定的是，能与这样一个成就斐然的天才进行深入沟通，我感到无比荣幸。尽管马斯克刚开始有些沉默寡言，可一旦他答应帮我完成传记，他就全身心地投入，对此我感到非常荣幸和感激。

在专业方面，我要感谢多年来一直陪伴我的编辑与同事——柴娜·马滕斯、詹姆斯·尼科莱、约翰·莱蒂斯、温都·戈尔和苏珊娜·斯佩克特，他们每个人都教会了我不同的写作技巧。我还要特别感谢安德鲁·奥尔洛夫斯基、蒂姆·奥布莱恩、达蒙·达林、吉姆·阿利和德鲁·卡伦，他们深深地影响了我对写作与报道的理解，是所有人梦寐以求的良师。我还要感谢我在《彭博商业周刊》的老板布拉德·威纳斯和乔什·泰兰基尔，感谢他们给了我创作此书的自由，在我看来，也许没有其他人能像他们这样支持高质量报道了。

我还要向《纽约时报》和《商业周刊》的同事布拉德·斯通致以特别感谢。他帮我确定了这本书的方向，在困难的时候鼓励我坚持，再也找不到比他更出色的参谋了。感谢基思·李和希拉·阿比肯黛尼·桑福特，他们是我认识的最聪明、最善良、最真诚的人之二，他们对初稿的反馈让我获益良多。

我的代理人戴维·帕特森和编辑南希·英特利在本书的写作

过程中扮演了至关重要的角色。戴维总是有办法让我在心情低落时振作起来；南希提供了极大的帮助，让我学会如何将一本复杂的传记写得更有趣、更鼓舞人心。非常感谢你们。

最后，我要感谢我的家人。在两年多的时间里，这本书慢慢成了一个有血有肉、会呼吸的生命，一个给我的家人带来不少困扰的生命。在这段时间里，我经常无法随心所欲地陪伴孩子们，但每当我见到他们时，他们总是带着灿烂的笑容给我拥抱。他们似乎都因为这本书对火箭和汽车产生了兴趣，这让我感到很高兴。至于我的爱妻梅琳达，她真的是个很有耐心和包容心的人。说实在的，如果没有她的支持，这本书就不可能面世。梅琳达是我最好的读者，是我的灵魂伴侣，能有这样的妻子是我的福分，我永远不会忘记她对家庭的付出。

图书在版编目（CIP）数据

埃隆·马斯克：实现不可能 /（美）阿什利·万斯
著；邓峰译 . -- 北京：中信出版社，2023.12（2025.5重印）
书名原文：Elon Musk and the Quest for a
Fantastic Future Young Readers' Edition
ISBN 978-7-5217-6034-7

Ⅰ.①埃… Ⅱ.①阿…②邓… Ⅲ.①埃隆·马斯克
—传记 Ⅳ.① K837.115.38

中国国家版本馆 CIP 数据核字（2023）第 177207 号

Elon Musk and the Quest for a Fantastic Future Young Readers' Edition
Copyright © 2017 by Ashlee Vance
Simplified Chinese translation copyright © 2023 by CITIC Press Corporation
ALL RIGHTS RESERVED
本书仅限中国大陆地区发行销售

埃隆·马斯克——实现不可能
著者：　　　[美]阿什利·万斯
译者：　　　邓峰
出版发行：中信出版集团股份有限公司
　　　　（北京市朝阳区东三环北路 27 号嘉铭中心　邮编　100020）
承印者：　北京盛通印刷股份有限公司

开本：880mm×1230mm 1/32　　印张：9　　字数：170千字
版次：2023年12月第2版　　印次：2025年5月第5次印刷
京权图字：01-2019-3323　　书号：ISBN 978-7-5217-6034-7
定价：69.00元

版权所有·侵权必究
如有印刷、装订问题，本公司负责调换。
服务热线：400-600-8099
投稿邮箱：author@citicpub.com